檸檬烹飪終極指南

100 道甜味和鹹味食譜，可為任何餐點增光添彩

琦 李

版權所有。

免責聲明

本書中包含的信息旨在作為本書作者研究過的策略的綜合集合。總結、策略、提示和技巧僅是作者推薦的，閱讀本書並不能保證一個人的結果完全反映作者的結果。本書作者已盡一切合理努力為本書讀者提供最新且準確的信息。作者及其同事對可能發現的任何無意錯誤或遺漏不承擔任何責任。本書中的材料可能包括來自第三方的信息。第三方材料包含其所有者表達的意見。因此，本書作者不對任何第三方材料或意見承擔責任或義務。

目錄

3

介紹

葉子茂盛的檸檬樹和加州後院的游泳池一樣常見，我九歲的時候我們就搬到了那裡。一年四季，空氣中都瀰漫著檸檬的香味，尤其是薄皮、金黃色的邁耶檸檬的香味。還有皮膚粗糙、蛋形的尤里卡檸檬和里斯本檸檬，呈淡黃色和綠色。但它們陽光明媚的外表掩蓋了裡面的東西——一種幾乎不可能吃的水果，正如彼得、保羅和瑪麗的歌曲所唱的那樣："檸檬樹，非常漂亮，檸檬花很甜，但可憐的檸檬的果實是不可能吃的"。

檸檬毫無歉意的酸度——足夠尖銳，可以在我的薄荷棒的一端到另一端之間形成一個蜂窩狀的隧道——賦予一種強烈的新鮮感，就像鹽一樣，對於讓你的烹飪產生美味的味道至關重要。噴灑一點檸檬汁可為美味佳餚增色不少，並為甜點增添明顯的風味。檸檬皮給各種食物增添了檸檬味，從濃郁的山羊奶酪湯糰和奶油燴飯到玉米粉華夫餅和深受喜愛的檸檬棒。整個檸檬經過醃製、醃製、製成泥、鹽醃後成為美味的調味品，它們的酸味被中東和東南亞同樣大膽的風味所抵消。檸檬皮條可以裝飾雞尾酒，並向燉鍋中註入強效檸檬香精。雖然我致力於主要使用附近種植的當季食材進行烹飪，

早餐

1．檸檬、奶油和罌粟籽烤雞蛋

4 份

原料

6 茶匙檸檬浸橄欖油、特級初榨橄欖油或融化的黃油，分開

1 中蔥，切碎，分開

2 湯匙 磨碎的檸檬皮碎，分開

1 盎司帕爾馬干酪，細碎（約 $\frac{1}{2}$ 杯），分成兩份

3/4 杯濃奶油，分開

粗鹽

8 個雞蛋，室溫

2茶匙罌粟籽，分開

4 茶匙切碎的新鮮細香蔥，分開

方向

將烤箱預熱至 350 華氏度。

將 $1\frac{1}{2}$ 茶匙油徹底塗在 4 個耐熱烤盤或烤盤的底部和側面。將模子放在有側面的烤盤上（以便更容易將它們移入和移出烤箱）。

將蔥分裝在小模子中，每盤添加不超過 2 茶匙。在每個模子中加入 $1\frac{1}{2}$ 茶匙熱情和 1 湯匙奶酪，蓋上 1 湯匙奶油，並用少許鹽調味。

小心地將 2 個雞蛋打入每個盤子中，如果蛋黃破裂，則從新雞蛋開始。將 2 湯匙剩餘的奶油倒在每個蛋黃上，撒上 1 湯匙剩餘的奶酪、$\frac{1}{2}$ 茶匙罌粟籽和一小撮鹽。烘烤 10 到 12 分鐘，或直到雞蛋稍微凝固。用一茶匙細香蔥裝飾每個雞蛋，然後立即食用。

2.雙檸檬荷蘭寶寶

製作一個10英寸的煎餅

原料

1 杯未漂白的通用麵粉

1湯匙砂糖

大量的粗鹽

4 至 5 個綠色小荳蔻莢的種子

4個雞蛋

1 杯全脂牛奶

1 湯匙細磨檸檬皮

¼ 杯（½ 棒）無鹽黃油

¼ 杯糖果糖

2 湯匙鮮榨檸檬汁

方向

將烤箱預熱至 425 華氏度，並將架子放在烤箱中間。

在一個小碗中，將麵粉、砂糖和鹽攪拌在一起。使用研缽和杵或乾淨的咖啡研磨機精細研磨小荳蔻種子，然後添加到干燥成分中。擱置。

在一個大碗中，輕輕攪拌雞蛋、牛奶和熱情。添加干成分並輕輕攪拌直至混合。麵糊不必完全光滑，但要確保沒有大塊的麵粉。

在一個中型（10英寸）鑄鐵煎鍋中，用中高火融化黃油，偶爾旋轉鍋，直到黃油非常熱並起泡沫，並且幾乎開始變成棕色。立即倒入麵糊並將煎鍋放入烤箱。烘烤 20 分鐘，或直至煎餅邊緣呈波浪狀並呈棕色，且煎餅中心膨脹。將烤盤從烤箱中取出，在煎餅上均勻地撒上糖粉，然後將其放回烤箱再烤 2 至 3 分鐘。將檸檬汁撒在上面，立即食用。

3.檸檬鬆餅配姜晶

製作一打鬆餅

原料

1／4 杯未漂白通用麵粉

2 茶匙發酵粉

3/4 茶匙粗鹽

½ 茶匙小蘇打

1個小薄皮檸檬

10 湯匙（1¼ 支）無鹽黃油，室溫

1 杯糖

2 蛋

1茶匙香草精

1 杯全脂牛奶希臘酸奶

½ 杯加 3 湯匙粗切碎的蜜餞姜，分開

用於上光油：

½ 杯糖果糖

1湯匙加1茶匙鮮榨檸檬汁

方向

將烤箱預熱至 350 華氏度。在標準 12 杯鬆餅罐中鋪上紙墊或塗上少許黃油，並撒上麵粉。

在一個小碗中，將麵粉、發酵粉、鹽和小蘇打攪拌在一起。擱置。

修剪檸檬的花朵和莖端，去除足夠的果皮以露出果肉，然後將其減半。輕輕地將每一半擠在碗上，以鬆開種子並去除一些果汁，然後將兩半切成小塊，邊切邊去除任何種子。將碎片和果汁放入攪拌機或食品加工機的碗中，加工直至最大的碎片達到米粒大小。擱置。

在配有槳葉附件的立式攪拌機的碗中或使用手持式電動攪拌機，中高速攪拌黃油和糖，直至鬆軟約 5 分鐘。用抹刀刮擦碗的側面，然後將速度降至中速，一次加入一個雞蛋，攪拌直至完全混合。加入香草精並攪拌幾秒鐘。

添加三分之一的干成分並低速混合，然後將速度提高至中速並混合 1 分鐘。添加一半酸奶並短暫混合以合併。添加一半剩餘的干成分並低速混合，然後將速度提高到中速 1 分鐘。對剩餘的酸奶和乾原料重複上述步驟。用抹刀刮掉碗的底部和側面，拌入切碎的檸檬和 $\frac{1}{2}$ 杯蜜餞生薑。使用冰淇淋勺將麵糊均勻地分佈在準備好的鬆餅杯中。

烘烤 35 至 45 分鐘，或直至鬆餅彈回觸感。上釉前轉移到金屬架上完全冷卻。

為了製作釉料，在一個小碗中，用叉子將糖果糖和檸檬汁混合直至光滑。在每個鬆餅上舀少量，用勺背輕輕塗抹。將剩下的 3 湯匙結晶薑切碎，撒在鬆餅上。

4.檸檬玉米麵乳清乾酪華夫餅

製作大約 1 打 4 英寸比利時華夫餅，或者

十六塊3寸煎餅

原料

2杯未漂白的通用麵粉

1/4 杯玉米粉

$\frac{1}{4}$ 杯糖

2 茶匙發酵粉

1 茶匙粗鹽

不足 $\frac{1}{2}$ 茶匙新鮮磨碎的肉荳蔻

$\frac{1}{2}$ 茶匙小蘇打

1 杯全脂牛奶

⅓ 杯鮮榨檸檬汁（來自 2 個中等大小的檸檬）

2 湯匙切碎的檸檬皮碎（來自2個中等大小的檸檬）

2個蛋

1/4 杯（1/2 棒）加 2 湯匙無鹽黃油，融化並冷卻，分開

3/4 杯自製乳清乾酪或商店購買的

1茶匙香草精

方向

將烤箱預熱至 200 華氏度。根據製造商的說明預熱華夫餅熨斗。

在一個大碗中，將麵粉、玉米粉、糖、泡打粉、鹽、肉荳蔻和小蘇打攪拌在一起。在一個中等大小的碗中，攪拌牛奶、檸檬汁、檸檬皮碎和雞蛋，然後加入 $\frac{1}{4}$ 杯黃油。將濕成分添加到干成分中，攪拌直至濕潤。如果殘留一些腫塊也沒關係。在一個小碗中，用叉子將乳清乾酪塊打碎，然後與香草混合。用抹刀輕輕地將奶酪拌入麵糊中。不要過度混合；麵糊可能很厚並且有點塊狀。

在華夫餅熨斗上輕輕塗上剩餘的 2 湯匙黃油。將足夠的麵糊倒入華夫餅熨斗中，剛好覆蓋網格（約 ⅓ 杯）。關閉並按照製造商的說明煮至金黃色，大約需要 2 到 3 分鐘。將煮熟的華夫餅轉移到烤盤上以在製作其餘部分時保持溫暖。

如果您要做薄煎餅，請在煎鍋上輕輕塗上黃油，然後用中火融化黃油。分批操作，將每個煎餅 1/4 杯麵糊倒入烤盤上。煮約 4 分鐘，直至表面起泡且邊緣稍乾。翻轉並煮至底部呈金黃色，再煮 3 至 4 分鐘。將煮熟的煎餅轉移到烤盤上保溫。

因為重新加熱的華夫餅味道和剛從華夫餅熨斗上熱出來的華夫餅一樣好，所以我通常把它們放在一起烘烤一整批，即使新鮮的只是兩個人吃的。讓多餘的華夫餅完全冷卻，將它們放入密封保鮮袋中，冷凍最多 2 個月。如果想臨時享用早餐，請將冷凍華夫餅（無需解凍）放入烤麵包機或烤麵包機中，直至又熱又脆。要重新加熱較大一批，請將其放入 350 華氏度的烤箱中脆化約 10 分鐘。

5.覆盆子烤華夫餅

品牌：2

總時間：10 分鐘

華夫餅的配料

- 1/2 杯 杏仁粉
- 2湯匙亞麻籽粉
- 1/3 杯 椰奶
- 1茶匙香草精
- 1 茶匙發酵粉
- 2湯匙甜味劑
- 7滴液體甜葉菊

餡料

- 1/2 杯 覆盆子
- 1/2 檸檬皮
- 1 湯匙 檸檬汁
- 2湯匙黃油
- 1湯匙甜味劑

方向

a) 在一個大攪拌碗中，混合所有華夫餅原料。

b) 預熱華夫餅機並倒入麵糊。

c) 讓它煮，直到燈變綠或蒸汽水平降至安全水平。

d) 將華夫餅從烤箱中取出，放在一邊稍微冷卻。

e) 在爐子上的平底鍋中加熱黃油和甜味劑。加入覆盆子、檸檬汁和檸檬皮。攪拌直至變稠至果醬的稠度。

f) 將覆盆子餡料放在兩個華夫餅之間，放入平底鍋中，每面煎 1-2 分鐘。

沙拉

6. 檸檬馬鬱蘭西葫蘆沙拉

製作 4 至 6 份

原料

1.5 磅（約 3 至 4 個小）西葫蘆，用曼陀林或蔬菜削皮器縱向切成薄片

2 茶匙粗鹽

3 湯匙鮮榨檸檬汁

1 個小蔥，在曼陀林上切成薄片或切碎

1 湯匙 磨碎的檸檬皮碎

$\frac{1}{4}$ 杯 特級初榨橄欖油

1 湯匙 切碎的新鮮馬鬱蘭

佩科里諾羅馬諾奶酪屑，用於裝飾（可選）

方向

在碗上方或水槽上的漏勺中，將西葫蘆絲和鹽混合。充分攪拌以覆蓋絲帶並放置 10 分鐘。10 分鐘後，將西葫蘆抓成幾大把，輕輕地擠出每把西葫蘆的水分。

在一個大碗中，將檸檬汁、蔥和一小撮鹽混合。加入熱情，並緩慢、穩定地加入油中攪拌。拌入馬鬱蘭，然後將西葫蘆絲放入碗中，攪拌均勻。立即上桌，上面撒上奶酪屑。

7. 羽衣甘藍和布魯塞爾配檸檬黃油油醋汁

製作 4 至 6 份

原料

2小束羽衣甘藍（約1磅），去掉莖，葉子切成細絲

8 盎司 球芽甘藍（約 12 至 16 個），對半切薄片

¼ 個小紅洋蔥，切成薄片

½ 杯（1 支）無鹽黃油，切成小塊

對於油醋汁：

¼ 杯白葡萄酒醋

⅓ 杯鮮榨檸檬汁（來自 2 個中等大小的檸檬）

1 湯匙切碎的檸檬皮碎

2 湯匙切碎的蔥

捏粗鹽

¼ 杯 特級初榨橄欖油

1湯匙蜂蜜

現磨黑胡椒

1 個堅硬、成熟的牛油果，去核並切塊

¼ 杯烤葵花籽

方向

在一個大碗中，將羽衣甘藍、球芽甘藍和洋蔥混合。將黃油煎至棕色時，將沙拉放在一邊。

在一個可以看到黃油顏色的淺色小平底鍋中，用中火融化黃油，偶爾旋轉以確保其融化均勻。它會開始起泡並改變顏色，從淺黃色到金棕色，再到稍深的烤棕色，聞起來有堅果味。將鍋從火上移開，然後將內容物轉移到一個耐熱小碗中。牛奶固體會沉澱到鍋底並變成褐色；盡可能多地留下沉積物。將黃油放在一邊。

在一個中等大小的不反應的碗中，將醋、檸檬汁、熱情、蔥和一大撮鹽混合。將油攪入溫熱的黃油中，然後加入蜂蜜。慢慢地將混合物倒入醋和檸檬汁中，不斷攪拌，直到油醋汁乳化。檢查調味料，加入鹽和胡椒調味。

在蔬菜中加入大約 $\frac{1}{4}$ 杯溫熱的油醋汁，用手按摩，直到蔬菜稍微軟化，感覺不那么生澀。繼續添加油醋汁，一次幾湯匙，直到蔬菜充分調味但不濕透（保留多餘的油醋汁以供下次使用）。加入鱷梨和葵花籽，攪拌均勻，立即食用。

8. 番茄青豆沙拉配檸檬油醋汁

8 份

原料

對於油醋汁：

1 湯匙加 1½ 茶匙切碎的蔥

3湯匙鮮榨檸檬汁

捏粗鹽

1 湯匙 第戎芥末

2 茶匙蜂蜜

½ 杯特級初榨橄欖油

6 湯匙粗切碎的軟香草，如歐芹、羅勒、龍蒿和香蔥

1½ 茶匙 磨碎的檸檬皮碎

½ 醃製檸檬或商店購買的檸檬，果肉丟棄，果皮切碎

現磨黑胡椒

2 品脫混合櫻桃番茄，減半

1½ 磅青豆，修剪過

2 盎司 意大利乳清乾酪，用蔬菜削皮器削皮

方向

製作油醋汁時，在一個不起反應的小碗中，將青蔥、檸檬汁和鹽混合。放置 10 分鐘，讓青蔥變軟並稍微變甜。然後加入芥末和蜂蜜，慢慢淋入油中，不斷攪拌，直到油醋汁乳化。拌入香草、檸檬皮和醃製檸檬，並用鹽和胡椒調味。

在一個中等大小的碗中，將西紅柿與 $\frac{1}{2}$ 杯油醋汁拌勻，放在一邊醃製至少 20 分鐘，或者直到準備好上沙拉為止。

當西紅柿醃製時，將一鍋大量鹽水煮沸。將豆子煮至變軟，大約需要 4 分鐘。將它們放入漏勺中瀝乾，然後將它們放在冷水中短暫冷卻。將它們鋪在襯有乾淨毛巾的烤盤上。放在一邊直至完全冷卻並乾燥。

上菜前，將豆子和意大利乳清乾酪刨花添加到西紅柿和油醋汁中。攪拌混合原料，加入剩餘的油醋汁，並用鹽和胡椒調味。食用前醃製 10 分鐘。

9. 碎小麥胡蘿蔔沙拉配醃製檸檬

製作 4 至 6 份

原料

1 杯 碎小麥

1 茶匙粗鹽

½ 醃製檸檬或商店購買的

⅓ 杯特級初榨橄欖油

2 3 湯匙鮮榨檸檬汁（取決於你喜歡調料的檸檬味）

2 茶匙切碎的大蒜

3/4 茶匙小茴香籽，烘烤並磨碎

3 胡蘿蔔，切成薄片（約2杯）

⅓ 杯醋栗

3 根蔥，白色和淺綠色部分，切成薄片

現磨黑胡椒

1杯輕包裝粗切碎的平葉歐芹

方向

在一個帶有緊密蓋子的厚鍋中，將碎小麥和鹽與 2 杯水放入。將水煮沸，然後將火調至小火慢燉。蓋上鍋蓋，繼續用最低火煮 20 至 25 分鐘，偶爾攪拌，直到小麥變軟且有嚼勁。排出剩餘的水。煮小麥時，將醃製檸檬的果肉與果皮分離，除去種子，然後將果肉添加到攪拌機中。將果皮切碎並保留。加入油、檸檬汁、大蒜和小茴香籽，攪拌至光滑。

將碎小麥與胡蘿蔔、醋栗和蔥一起放入一個大碗中，讓溫熱的穀物稍微軟化其他成分。加入一半的油醋汁和保留的檸檬皮。充分攪拌以加入油醋汁。嚐嚐沙拉的味道，如果不夠美味，可以添加更多醋汁。讓沙拉靜置 15 分鐘，再次品嚐，根據需要添加胡椒粉和更多油醋汁（保留額外的調料以供下次使用）。上菜前加入歐芹。

赛德斯

10. 烤花椰菜配檸檬、歐芹和杏仁

4 份

原料

1 個（2 磅）頭花椰菜，切成莖部 V 英寸或更小的小花

⅓ 杯杏仁片或鬆子

5 湯匙特級初榨橄欖油，分開

1½ 茶匙粗鹽

1 小瓣蒜，磨碎或切碎

1 湯匙 磨碎的檸檬皮碎

3 湯匙鮮榨檸檬汁

1 杯輕包裝的平葉歐芹葉，粗切碎

現磨黑胡椒

方向

使用帶有磨碎附件或刀片的食品加工機，分批磨碎或脈衝花椰菜，直到它類似於蒸粗麥粉的顆粒。你應該有大約 4 杯。（你也可以用刀把小花切丁，切的時候很容易碎成很小的碎片。）

在一個大而寬的煎鍋中，用中火烘烤杏仁，經常攪拌，直到杏仁聞起來有堅果味並且呈金黃色，大約需要 7 分鐘。將堅果放在一邊並擦乾淨鍋。用中高溫加熱 3 湯匙油。當油熱時，加入花椰菜和鹽。炒，經常攪拌，直到花椰菜片烤熟變軟，持續 12 到 15 分鐘。將鍋從火上移開，立即加入大蒜和皮碎，攪拌均勻，使味道均勻分佈。混合物稍微冷卻後，加入剩餘的 2 湯匙油、檸檬汁、杏仁和歐芹。添加額外的鹽和胡椒調味，並讓花椰菜放置至少 15 分鐘（部分覆蓋），以便味道充分發揮。

11．黃油刺猬土豆配檸檬和香草

製作 6 至 8 份

原料

½ 杯（1 支）無鹽黃油，室溫

3 湯匙切碎的新鮮歐芹

1½ 湯匙 磨碎的檸檬皮碎（來自 2 個小檸檬）

1 湯匙 切碎的新鮮馬鬱蘭

1 湯匙切碎的新鮮韭菜

2 小丁香 大蒜

1 茶匙粗鹽

2 湯匙鮮榨檸檬汁

20 個雞蛋大小的 Yukon Gold 或 Red Bliss 土豆（約 4 磅）

2 湯匙檸檬橄欖油或特級初榨橄欖油

現磨黑胡椒

½ 個檸檬

方向

在一個小碗中，將黃油與歐芹、檸檬皮、馬鬱蘭和香蔥混合。

將大蒜粗切碎，然後在上面撒上鹽。繼續用鹽切大蒜，將刀與切菜板成 30 度角，將其拉過一堆大蒜和鹽，製成糊狀。將大蒜醬和檸檬汁加入黃油中，然後用叉子或勺子背面將其混合。將黃油轉移到一塊保鮮膜上，然後將其塑造成直徑 1 英寸的圓木。冷藏約30分鐘直至變硬。

將烤箱預熱至 425 華氏度。

用木勺支撐土豆，將土豆橫向切片，每 1/4 英寸切一次。（勺子會阻止你一路切片並將切片彼此分開。）

將土豆放入烤盤中，並在其上刷上油。輕輕撒上鹽和胡椒粉，烘烤 30 分鐘，或者直到切片開始稍微呈扇形散開並彼此分離。將平底鍋從烤箱中取出，用一把削皮刀將相互粘連的切片推開。在每個土豆上放一小枚硬幣（或兩枚，具體取決於土豆的大小）黃油，輕輕按下以促使其在切片之間融化；你會剩下一些黃油。將土豆再烤 30 分鐘，偶爾在鍋底塗上黃油。當頂部呈淺棕色且酥脆，用削皮刀刺穿中間時，它們就熟了。將一半檸檬擠在土豆上即可食用。

12. 烤玉米棒配辣椒檸檬黃油

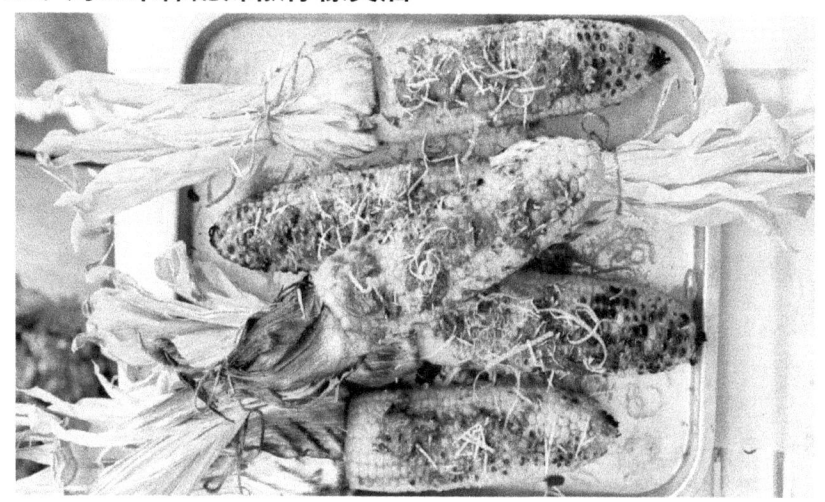

6 份

原料

$\frac{1}{2}$ 杯（1 支）無鹽黃油

1 湯匙 磨碎的檸檬皮碎

1 瓣大蒜，磨碎

3湯匙鮮榨檸檬汁

$\frac{1}{2}$ 茶匙煙熏辣椒粉

1$\frac{1}{2}$ 茶匙粗鹽

6穗新鮮甜玉米

3湯匙切碎的新鮮香菜

方向

在一個可以看到黃油顏色的淺色小平底鍋中，用中火融化黃油，偶爾旋轉以確保其融化均勻。它會開始起泡並改變顏色，從淺黃色到金棕色，再到稍深的烤棕色，聞起來有堅果味。將鍋從火上移開，然後將內容物轉移到一個耐熱小碗中。牛奶固體會沉澱到鍋底並變成褐色；盡可能多地留下沉積物。將熱情和大蒜加入溫熱的棕色黃油中。讓黃油完全冷卻，然後加入檸檬汁、辣椒粉和鹽。

剝去並丟棄外層玉米殼。小心地拉開淡綠色的內殼並除去絲。再次用殼蓋住果仁，用廚房繩子繫住末端，然後將果穗浸泡在冷水中至少 30 分鐘。

將燃氣烤架預熱至約 450 華氏度的高溫，或準備一個木炭烤架，以便在紅熱的煤上直接加熱烹飪。將玉米從水中取出，抖掉多餘的水分。將玉米放在烤架上並蓋上蓋子。每 5 分鐘翻轉一次玉米，使其受熱均勻，持續 10 至 15 分鐘。解開繩子，剝去外皮，在玉米上刷上黃油，繼續煮3到5分鐘，直到玉米粒四周焦糖化。

將玉米從烤架上取出，塗上更多黃油，撒上更多鹽和香菜。

13. 胡椒檸檬巴馬干酪脆餅

製作約 3 打脆餅

原料

1½ 杯未漂白的通用麵粉

½ 杯粗粒小麥粉

2 盎司 Parmigiano-Reggiano 奶酪，精細磨碎（約 1 杯）

2湯匙切碎的檸檬皮碎（來自2個中等大小的檸檬）

1 湯匙現磨黑胡椒

2 茶匙粗鹽

1 茶匙發酵粉

¼ 杯 特級初榨橄欖油

3個雞蛋，分開

⅓ 杯全脂牛奶

將烤箱預熱至 350 華氏度。

方向

在一個大碗中， 將麵粉、奶酪、熱情、胡椒、鹽和發酵粉徹底混合。將油淋在上面， 然後用手指輕輕地將其混入麵粉中， 直到混合物類似於玉米粉。

在一個小碗中， 將 2 個雞蛋與牛奶一起攪拌， 然後將其添加到麵粉混合物中， 用叉子攪拌， 形成柔軟、粘稠的麵團。輕輕潤濕雙手（以防止麵團粘在手上）並將麵團分成兩半。將碎片縱向排列在襯有羊皮紙的烤盤上。將每塊切成約 12 英寸長、3 英寸寬、1/2 英寸高的原木， 必要時輕輕潤濕雙手以防止粘連。攪拌剩餘的雞蛋並用它刷過原木。

烘烤 30 分鐘， 中間旋轉平底鍋， 或直至原木呈淺金棕色。將板材移至架子上， 將烤箱溫度降至 300 華氏度。將原木冷卻 10 分鐘， 將其轉移到切板上， 然後使用鋸齒刀將每根原木對角切成 1/2 英寸厚的切片。將脆餅放回烤盤上， 再烘烤 35 至 45 分鐘， 中途將其翻面。當脆餅乾燥並且兩面呈淺金黃色時就準備好了。它們可以在密封容器中保存長達 2 週。

14. 檸檬味噌烤熟食南瓜

製作 4 至 6 份

3 湯匙白味噌

3 湯匙特級初榨橄欖油

3 湯匙鮮榨檸檬汁，分開

1 湯匙蜂蜜

2 茶匙哈里薩辣醬

1.5 磅熟食南瓜（約 3 到 4 個），縱向切成兩半，去籽，切成

½ 英寸厚的月形 1 湯匙細磨檸檬皮

½ 杯粗切碎的平葉歐芹

粗鹽

方向

將烤箱預熱至 425 華氏度。

在一個大碗中，將味噌、油、2 湯匙檸檬汁、蜂蜜和哈里薩辣醬攪拌在一起。將南瓜片放入碗中，用手將南瓜片與糊狀物一起攪拌，確保均勻地塗上糊狀物。將它們單層放在塗了少許油的烤盤上，側面有邊。將碗放在一邊以備後用。

將南瓜烤 15 分鐘。將平底鍋從烤箱中取出，然後用鉗子將碎片翻過來。將它們放回烤箱再烤 10 分鐘，或者直到碎片輕微焦糖化並變軟。將南瓜放回碗中，與剩餘的 1 湯匙檸檬汁、熱情和歐芹一起攪拌。加鹽調味。

素食

15. 檸檬山羊奶酪湯圓配去殼豌豆

製作 6 至 8 份

原料

8 盎司 略軟、溫和的新鮮山羊奶酪，室溫

8盎司奶油乾酪（最好不含穩定劑），室溫

1 湯匙加 1 茶匙磨碎的檸檬皮碎（來自 2 個小檸檬）

2 茶匙粗鹽

2個蛋

1½ 杯未漂白的通用麵粉，再加上用於擀麵團的麵粉

2湯匙特級初榨橄欖油

2 小莖青蒜，沿對角線切成薄片，或 3 瓣大蒜，切碎

¼ 杯幹白葡萄酒或苦艾酒

3 杯子新鮮去殼的青豌豆

3湯匙無鹽黃油

2湯匙鮮榨檸檬汁

1 湯匙切碎的新鮮龍蒿

現磨黑胡椒

2 湯匙新鮮細香蔥，切成 ½ 英寸長

方向

在一個大碗中，將奶酪、熱情、鹽和雞蛋混合。用橡皮刮刀攪拌至光滑，然後加入 3/4 杯麵粉。充分混合，輕輕拌入剩餘的麵粉，形成濕潤、略粘的麵團。不要過度混合，否則你的面疙瘩會很重。用保鮮膜蓋住碗並冷藏 1 小時。

在烤盤或大盤子上撒上少許麵粉，放在一邊。將麵團放在撒了少許麵粉的工作台上，形成一個球，然後將球切成四份。將每個四分之一捲成 1/2 英寸厚的繩子。用鋒利的刀將繩子切成 1/2 英寸的面疙瘩，

然後將其放在烤盤上。對剩下的麵團重複這個過程；你應該得到大約 84。在面疙瘩上輕輕撒上麵粉。將一大鍋大量鹽水煮沸。

分批煮 15 至 20 個面疙瘩；煮大約需要 3 分鐘。當它們漂浮時，它們就完成了——等待幾秒鐘，然後使用有槽勺將面疙瘩取出到烤盤上冷卻。（它們在溫暖時會變得脆弱，但在冷卻時會變得更堅固。）保留 1 杯烹飪液。煮熟的面疙瘩將在冰箱中保存24小時。

在一個大煎鍋中，用中火加熱油。加入大蒜，煮約 4 分鐘，不斷攪拌直至變軟。加入酒，小火煮 3 至 4 分鐘，直至煎鍋中的液體減少一半。

將面疙瘩、豌豆、黃油和 $\frac{1}{2}$ 杯保留的面疙瘩烹飪液加入煎鍋中。煮約 3 分鐘，直至原料變熱且醬汁稍微變稠。加入檸檬汁、龍蒿、鹽和胡椒調味，攪拌均勻。將湯糰分成 6 或 8 碗。用細香蔥裝飾即可食用。

16. 檸檬、羊乳酪和蒔蘿扁豆甜菜湯

製作 4 至 6 份

原料

8 盎司韭菜，白色部分和 1 英寸淡綠色

2湯匙特級初榨橄欖油

1 大蔥，切成薄片

2 芹菜梗，切成薄片

2 片月桂葉

1½ 杯法國綠扁豆或棕色扁豆，分類並沖洗

6杯蔬菜湯或水

1 茶匙粗鹽

對於羊乳酪配料：

6盎司羊奶酪，最好是羊奶

2湯匙鮮榨檸檬汁

1湯匙切碎的檸檬皮碎

1 小瓣大蒜，粗切碎

¼ 杯 特級初榨橄欖油

¼ 杯輕包裝的新鮮蒔蘿小枝

2 湯匙鮮榨檸檬汁

1 小束瑞士甜菜，莖留作其他用途，葉子切成 1 英寸厚的絲帶

現磨黑胡椒

蒔蘿小枝，裝飾用

方向

將韭蔥縱向切成兩半，橫向切成 0.5 英寸厚的片，然後在濾鍋中清洗乾淨。在一個大湯鍋或荷蘭烤箱中，用中火加熱油。加入韭菜、蔥和芹菜，炒至變軟、半透明，大約需要 7 分鐘。加入月桂葉和扁豆，

攪拌混合併塗上油。加入蔬菜湯和鹽，用中高火煮沸。降低熱量，小火煮 20 到 30 分鐘，部分蓋上鍋蓋，直到扁豆幾乎變軟。

同時，製作配料。將羊奶酪與檸檬汁、熱情和大蒜一起放入食品加工機的碗中。脈衝幾次以打碎奶酪，並在電機運轉時緩慢添加油。當混合物變得光滑時，加入蒔蘿和脈衝，粗切並混合。品嚐調味料，如果奶酪特別咸，可以添加更多檸檬汁。

為了完成湯，加入檸檬汁和甜菜絲，繼續煮 10 到 15 分鐘，直到扁豆完全變軟並且甜菜枯萎。如果需要的話，可以用鹽、胡椒和更多的檸檬汁調味。食用時，將湯分裝在碗中，加入一勺羊乳酪配料，然後在上面放上蒔蘿小枝。

17. 蘆筍檸檬香蒜醬披薩配煙燻馬蘇里拉奶酪

製作一份 12 至 14 英寸的披薩

原料

玉米粉，用於除塵

對於香蒜沙司：

½ 個檸檬，去籽並切成小塊

2 小瓣大蒜

1　　磅蘆筍，修剪並切成 1.5 英寸的塊，尖端縱向切成兩半

¼ 杯烤開心果

⅓ 杯加 1 湯匙特級初榨橄欖油，分開

2　　盎司 Parmigiano-Reggiano 奶酪，粗磨碎（約 ½ 杯）

1½ 茶匙粗鹽

½ 茶匙現磨黑胡椒

14 盎司自製或商店購買的披薩麵團，室溫

6 盎司新鮮煙熏馬蘇里拉奶酪，磨碎或切成薄片

方向

在烤箱中央放置一個架子，在上面放一塊披薩石，然後將烤箱預熱到 475 華氏度。（如果沒有披薩石，請使用倒置的烤盤。）在果皮或扁平烤盤上撒上灰塵將玉米粉鋪在片材（無邊）上，放在一邊。

要製作香蒜醬，請在食品加工機的碗中將檸檬和大蒜切碎。加入蘆筍片（保留尖端）和開心果，攪拌直至粗切。一次性加入 ⅓ 杯油，加工直至混合物充分混合但不會變成泥狀；它看起來應該就像你把蘆筍磨碎了一樣，碎片的大小從一粒米到磨碎的奶酪不等。將混合物倒入一個大碗中，加入奶酪、鹽和胡椒。品嚐並根據需要添加額外的調味料，然後將香蒜醬放在一邊。

在撒了少許麵粉的表面上，將披薩麵團擀成 12 至 14 英寸的圓形，然後轉移到準備好的果皮上。（您也可以在一張羊皮紙上形成圓形，

然後將其直接轉移到披薩盤上烘烤。）將香蒜醬充分攪拌，將大約 1 杯均勻地鋪在麵團上，然後排列馬蘇里拉奶酪，使大部分香蒜醬都沾在上面。覆蓋。將保留的蘆筍尖與剩餘的油一起攪拌，然後撒在奶酪上。

烘烤 16 至 18 分鐘，直至外皮呈深棕色酥脆，頂部的蘆筍片輕微燒焦。（如果您使用羊皮紙，烘烤 8 到 10 分鐘，將紙從披薩下方拉出，使餅皮變脆，然後再烘烤 8 分鐘。）將披薩從烤箱中取出，放在架子上冷卻或烘烤切片前5分鐘。

自製披薩最重要的規則是什麼？少即是多。在麵包皮上添加配料時，請輕拿輕放，尤其是當直接放在上面的醬汁稍微多汁時，例如番茄醬或香蒜醬。在麵團上鋪上一層超薄的一層，添加其餘的配料，最後在頂部撒上幾團調味料以增加風味。

18. 菊苣意大利面和檸檬蒜碎

製作 4 至 6 份

原料

1/4 杯加 2 湯匙特級初榨橄欖油，分開

4 瓣大蒜，切碎

2杯新鮮麵包屑

捏粗鹽

1 杯輕包裝、粗切碎的平葉歐芹葉

2 湯匙切碎的檸檬皮碎（來自2個中等大小的檸檬），分開

現磨黑胡椒

2湯匙無鹽黃油

1 （1 磅）頭菊苣，切碎

2 湯匙鮮榨檸檬汁，分開

1磅優質意大利面或扁麵條

1 杯自製乳清乾酪或商店購買的

方向

在一個大煎鍋中，用中火加熱 1/4 杯油。加入大蒜，煮 2 至 3 分鐘，偶爾攪拌，或直至散發出香味。加入麵包屑和大量鹽，繼續攪拌，直到麵包屑烤成棕色。將麵包屑轉移到碗中並放在一邊稍微冷卻。當它們冷卻時，加入歐芹和一湯匙熱情。加鹽和胡椒調味，然後放在一邊。

擦掉鍋中的麵包屑，加入黃油，然後用中火融化。當黃油起泡沫時，加入菊苣，煮 2 至 3 分鐘，直至其枯萎並稍微軟化。加入2湯匙水，煮2分鐘，或直至水蒸發，然後加入1湯匙檸檬汁。放在旁邊。

將一鍋大量鹽水煮沸，然後根據包裝說明煮扁扁麵條。烹飪時，將乳清乾酪與剩餘的 2 湯匙油、1 湯匙熱情和 1 湯匙檸檬汁混合。品嚐並根據需要添加更多果汁。在瀝乾意大利面之前，先留出 1 杯煮水。

將意大利面放回鍋中。在乳清乾酪混合物中加入一些意大利面水，將其鬆開並加熱，然後將其與意大利面一起攪拌。加入菊苣和一半麵包屑，攪拌混合，如果麵食看起來乾燥，則加入更多的麵食水。將意大利面放在一個大盤子上，用剩下的麵包屑裝飾。立即上菜。

19. 檸檬木豆配菠菜和酸奶

製作 6 至 8 份

原料

2 杯黃豌豆（chana dal），分類並沖洗

1茶匙薑黃

1 個小干紅辣椒，或 1 茶匙紅辣椒片

1/4 杯椰子油或酥油，分開

1 湯匙粗鹽

2 湯匙無鹽黃油

1 湯匙 棕色芥末籽

1 湯匙香菜籽，壓碎

2 茶匙孜然種子

1 個中等大小的洋蔥，切成 $\frac{1}{2}$ 英寸的丁（約 $1\frac{1}{2}$ 杯）

1 一杯輕包裝、粗切碎的新鮮香菜葉，包括一些莖，以及額外的裝飾
用葉子

2 杯子輕包裝的新鮮菠菜葉

$\frac{1}{4}$ 杯鮮榨檸檬汁（來自 1 個中等大小的檸檬）

2 茶匙 磨碎的檸檬皮碎

全脂希臘酸奶，裝飾用

方向

在一個大鍋或荷蘭烤箱中，將豌豆、6 杯水、薑黃、辣椒、2 湯匙油和鹽混合。將混合物煮沸，偶爾攪拌以防止木豆粘在鍋底。降低火力，蓋上鍋蓋，小火煮約 1 小時，直至豌豆變軟。

同時，製作塔德卡。在一個大煎鍋中，用中火加熱剩餘的 2 湯匙油和黃油。當黃油起泡沫時，加入芥末、香菜和小茴香籽，不斷攪拌直至散發出香味，大約需要 2 分鐘。加入洋蔥，將火調高，繼續煮，直到洋蔥邊緣從半透明變成棕色。這大約需要 15 分鐘；不要害怕讓洋蔥變黑。加入香菜和菠菜，繼續煮約 5 分鐘，直到兩者都稍微枯萎，但仍保持明亮的顏色。

取出整個智利，將蝌蚪放入豌豆中攪拌。加入鹽調味，然後用中低火煮 10 到 15 分鐘，讓味道融合在一起。加入檸檬汁和檸檬皮碎，再煮 5 分鐘即可享用。用一勺酸奶和幾片香菜葉裝飾每份。

主菜

20. 檸檬煎大比目魚

4 份

原料

為了品味：

1 檸檬，切成四等分（約 3/4 杯）

2 小蔥，切成薄片（約 1/4 杯）

1 茶匙粗鹽

1 杯去核、粗切的青橄欖，例如

卡斯泰爾韋特拉諾

2 湯匙刺山柑，沖洗並拍幹

$\frac{1}{2}$ 茶匙紅辣椒片

$\frac{1}{4}$ 杯 特級初榨橄欖油

$1\frac{1}{2}$ 磅去皮大比目魚片，切成 4 塊

$\frac{1}{2}$ 茶匙茴香籽，現磨

$\frac{1}{2}$ 茶匙粗鹽

$\frac{1}{2}$ 茶匙現磨黑胡椒

2湯匙特級初榨橄欖油

2湯匙無鹽黃油

3/4 杯切碎的平葉歐芹 說明

為了製作美味，先去掉檸檬塊的果核，然後將其餘部分切成薄片，丟棄所有種子。將檸檬片與青蔥和鹽一起放入碗中。蓋上蓋子靜置 45 分鐘或直到檸檬釋放出一些汁液。加入橄欖、刺山柑、胡椒片和 1/4 杯油。為了讓味道充分發揮，請將調料放在一邊醃製 4 小時或過夜。用紙巾將大比目魚拍幹。在一個小碗中，將茴香籽、鹽和胡椒混合，撒在大比目魚上。在不粘鍋或鑄鐵鍋中，用中高溫加熱油，直至其閃爍。加入大比目魚，靜置煮約 5 分鐘，直到底部變成棕色。翻轉，將黃油加入鍋中，並將溫度降至中等。繼續煮，在大比目魚上塗上黃油，持續煮 2 分鐘，或直到魚的中心變得不透明。

將歐芹拌入調料中，將調料舀到每塊魚上，然後立即食用。

21．烤羊排配檸檬、漆樹和扎阿塔

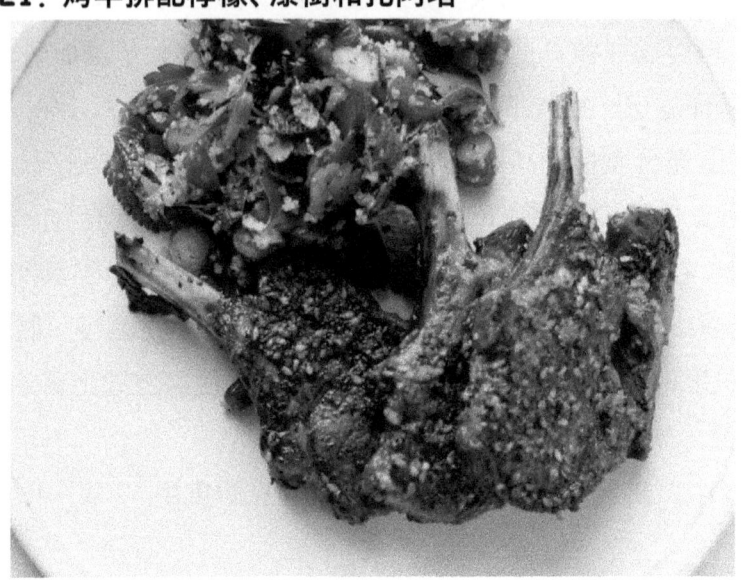

4 份

原料

1 塊（3 至 3.5 磅）羊排，法式肋骨，或 3 磅羊腰排，1 至 1.5 英寸厚的粗鹽和現磨黑胡椒

對於醃料：

3/4 杯原味全脂酸奶

3湯匙特級初榨橄欖油

3湯匙鮮榨檸檬汁

1 湯匙切碎的檸檬皮碎

2 蒜瓣，切碎

2 湯匙粗切碎的新鮮薄荷

3 湯匙特級初榨橄欖油

2 蒜瓣，切碎

3 湯匙扎阿塔爾

4 茶匙漆樹

3 個檸檬，用於裝飾

薄荷葉，裝飾用

方向

用紙巾將架子或排骨拍幹，用鹽和胡椒調味，然後將它們放入淺的非反應性平底鍋中，例如矩形玻璃烤盤。

在一個小碗中，將酸奶、油、檸檬汁、檸檬皮碎、大蒜和薄荷攪拌在一起。將醃料倒在排骨上，翻轉一次，讓兩面都沾上醃料。用保鮮膜蓋住鍋並冷藏過夜。

燒烤前 30 至 45 分鐘將羊肉從冰箱中取出，讓肉達到室溫。將燃氣或木炭烤架預熱至中高溫，溫度約為 350 華氏度。將羊肉從醃料中

取出，用紙巾完全擦去醃料，然後丟棄。將油、大蒜、za'atar 和漆樹混合，然後用手指將混合物塗抹在羊肉上。

將格柵刮乾淨並塗上少許油。對於羊排，請關閉其中一個燃燒器，或將煤炭放在烤架的一側。將架子放在爐排上，直接加熱，將羊肉煮至全身變成棕色，大約需要 10 分鐘。將羊肉移到烤架上較冷的地方，蓋上蓋子，偶爾轉動一下，直到插入中心的即時溫度計顯示 130 華氏度，大約需要 15 分鐘。讓羊肉休息至少 10 分鐘，然後再切成單獨的排骨。

對於腰排，將排骨放在爐排上烤 3 分鐘，然後將每個排骨旋轉 90 度，再煮 3 分鐘，或直到排骨完全燒焦。將排骨翻面，將另一面再煮約 6 分鐘，中途翻面。它們的內部應該仍然是粉紅色的。將排骨轉移到溫熱的盤子中，靜置 5 分鐘即可食用。

當羊肉休息時，將檸檬切成兩半，輕輕刷上油，然後燒烤，切面朝下，直到完全燒焦，大約需要 3 分鐘。將羊排與烤檸檬和薄荷葉放在盤子上。

22. 梅耶檸檬燴飯配珍寶蟹

6 份

原料

5至6杯淡味蔬菜湯

1 梅耶檸檬，用蔬菜削皮器去除果皮（保留水果和果皮）

2 湯匙無鹽黃油

2湯匙特級初榨橄欖油

1 個小洋蔥，切成 $\frac{1}{2}$ 英寸的丁（約 1 杯）

1 莖青蒜，球莖和嫩綠色部分切碎，或 1 大瓣大蒜，切碎

$1\frac{1}{2}$ 杯 arborio 米飯

$\frac{1}{2}$ 杯幹白葡萄酒或苦艾酒

8盎司新鮮蟹肉

1 盎司 Parmigiano-Reggiano 奶酪，精細磨碎（約 $\frac{1}{2}$ 杯）

1 湯匙粗切碎的新鮮龍蒿，另加額外的裝飾用

$\frac{1}{4}$ 杯法式鮮奶油

$\frac{1}{4}$ 杯 切碎的新鮮細香蔥

方向

在一個大平底鍋中，用中火將肉湯煮沸。加入檸檬皮，然後將鍋從火上移開。蓋上蓋子並放在一邊。

在厚底鍋中用中低火融化黃油。當黃油起泡沫時，加入油和洋蔥，煮約 5 分鐘，不時攪拌，直至洋蔥變軟且半透明。將火調至中火，加入大蒜和米飯，攪拌約 4 分鐘，直至米飯聞起來略帶烘烤味。加入酒，小火煮約 5 分鐘，偶爾攪拌，直至變成釉狀。加入 1 杯溫熱的肉湯，攪拌以覆蓋穀物，然後小火煮，經常攪拌，直到肉湯幾乎完全吸收，然後再添加更多。重複此過程，同時繼續攪拌，直到只剩下約 $\frac{1}{2}$ 杯肉湯，或者米飯呈奶油狀並煮熟，大約需要 45 分鐘。保留肉湯。

從肉湯中取出果皮，切碎。將檸檬切片，將果肉切碎，除去種子。將果皮和果肉拌入米飯中，煮約 3 分鐘，直至其變熱。加入蟹肉、奶酪和龍蒿，如有必要，可加入一點肉湯，使意大利調味飯鬆散。大約 3 分鐘後，當奶酪融化、螃蟹分佈均勻且溫熱時，拌入法式酸奶油。立即上桌，飾以細香蔥和龍蒿葉。

23．雪松木板——檸檬烤三文魚

製作 4 至 6 份

原料

$\frac{1}{4}$ 杯 淡紅糖

3湯匙粗鹽

$\frac{1}{2}$ 切碎的新鮮蒔蘿，分開

1 湯匙 磨碎的檸檬皮碎

1 片（2 磅）鮭魚片，或 6 片（5.5 盎司）中心切片，帶皮

1 塊（6 x 15 英寸）雪松木板，或適合魚的長度和寬度的任何尺寸

5湯匙特級初榨橄欖油，分開，再加一些用於刷木板

2 個檸檬，切成薄片

1 個小春洋蔥或甜洋蔥，切成薄片

1 個小茴香球莖，切成薄片

$\frac{1}{4}$ 杯輕包裝的茴香葉，粗切碎

方向

在一個小碗中，將糖、鹽、1/4 杯蒔蘿和熱情混合。用紙巾將三文魚拍乾，然後將其放入淺玻璃烤盤中，並塗上擦劑。蓋上蓋子冷藏2小時。將燃氣烤架預熱至約 450 華氏度的高溫，或準備一個木炭烤架，以便在紅熱的煤上直接加熱烹飪。在木板的兩面都刷上大量的油。將大約三分之二的檸檬片單層放在木板上。

將剩餘的檸檬片切成兩半，與洋蔥和茴香一起放入一個中等大小的碗中。加入2湯匙油，用手將配料攪拌均勻，塗在上面。加入剩餘的 1/4 杯蒔蘿、茴香葉和一小撮鹽。

將三文魚放在檸檬上方的木板上。將蔬菜混合物堆放在魚的頂部和兩側，覆蓋魚肉。將剩餘的 3 湯匙油淋在上面。將木板放在烤架上；它應該足夠熱以引起木板點燃。讓木板在魚周圍燃燒（檸檬和蔬菜可以防止鮭魚燃燒）並蓋上蓋子。繼續烹飪，直到魚片最厚的部分在即時讀取溫度計上顯示為 130 至 135 華氏度，大約需要 15 分鐘，具體取決於厚度。

24. 烤側腹牛排配燒焦檸檬香辣醬

4 份

原料

對於奇米丘里醬：

1 個小檸檬

1 個小墨西哥辣椒

½ 杯特級初榨橄欖油，另加額外的油用於攪拌配料和給烤架上油

1½ 茶匙粗鹽，分開

1 杯輕包裝的平葉歐芹葉

1 杯輕包裝的新鮮香菜葉

3 湯匙新鮮牛至葉

2 瓣大蒜，粗略切碎

1 湯匙粗切碎的蔥

1 湯匙白葡萄酒醋

1 塊側腹牛排或熨斗牛排（約 1.5 磅）

粗鹽和現磨黑胡椒

方向

製作 Chimichurri 時，修剪檸檬的花朵和莖端，去除足夠的果皮以露出果肉。將檸檬切成 1/4 英寸厚的片，與墨西哥辣椒一起放入小碗中。加入少許油和 1/4 茶匙鹽，然後燒烤或烤至輕微燒焦。將檸檬片和墨西哥辣椒放回碗中，並用盤子或保鮮膜蓋住。蒸汽會使它們稍微塌陷，使墨西哥辣椒的皮很容易去除。

將墨西哥辣椒去皮並去籽（如果您想要辣味，請留下一些種子和膜）。去除檸檬片中的所有種子。將兩種原料放入食品加工機的碗中，攪拌幾次以粗切。

加入剩餘的 1¼ 茶匙鹽、歐芹、香菜、牛至、大蒜、蔥和醋。短時間脈衝攪拌原料，切碎並混合它們，而不會產生太細的果泥。電機運轉時，

滴入油。將醬汁放入一個中等大小的碗中，靜置至少 2 小時或最多過夜。食用前嚐一下鹽的味道，必要時再加點鹽。

用紙巾將牛排拍幹，然後用鹽和胡椒充分調味。將燃氣烤架預熱至約 450 華氏度的高溫，或準備一個木炭烤架，以便在紅熱的煤上直接加熱烹飪。將格柵刮乾淨並塗上少許油。當烤架很熱時，將牛排放在烤架上。對於半熟到半熟的情況，一側煮 3 分鐘，翻轉牛排，然後在另一側再煮 3 分鐘（這可能會有所不同，具體取決於牛排的大小和厚度）。將牛排從烤架上取出，靜置至少 5 分鐘，然後沿紋理切成薄片。

食用時，將切片放在盤子上，淋上切片留下的汁液，然後用勺子在上面澆上一些墨西哥辣椒醬。立即上桌，並傳遞剩餘的chimichurri。

25. 檸檬和哈里薩辣醬紅燒牛肉

製作 4 至 6 份

原料

1 塊（3 磅）帶骨烤肉，或 2 磅燉肉

粗鹽和現磨黑胡椒

3湯匙特級初榨橄欖油我中等大小的洋

蔥，切成大塊

1 個醃製檸檬或商店購買的檸檬，沖洗乾淨並切碎（僅去皮）

3 瓣大蒜，切碎

1½ 茶匙 ras al hanout（見註釋）

1茶匙小茴香籽，粗磨

1茶匙芫荽籽，粗磨

1 到 3 湯匙哈里薩辣醬，具體取決於您喜歡的熱量水平

3杯牛肉湯或蔬菜湯

2 小枝新鮮百里香

1 片月桂葉

1 杯輕包裝、粗切碎的平葉歐芹葉

½ 杯輕包裝、粗切碎的香菜葉 說明

將烤箱預熱至 325 華氏度。

用紙巾將肉拍幹，並用鹽和胡椒調味。在荷蘭烤箱或帶蓋的重型耐熱平底鍋中，用中高溫加熱油。加入肉，每面煎 3 到 4 分鐘，用於烤肉，或者將肉的各個面煎成棕色，用於燉肉。小心不要擠滿鍋，如有必要，分兩批上色。

將棕色牛肉從鍋中取出放入一個大碗中。將洋蔥放入鍋中煮，經常攪拌以刮掉底部的棕色碎片。3或4分鐘後，或者當洋蔥稍微軟化時，加入檸檬、大蒜、ras al hanout、小茴香、香菜和哈里薩辣醬。繼續煮幾分鐘，直到食材散發出香味。

將肉放回鍋中，連同碗中的所有汁液一起放回鍋中。加入高湯、百里香和月桂葉，將混合物煮沸。小心地將鍋從火上移開，蓋上蓋子，然後放入烤箱。

將牛肉煮 2 小時（用於燉肉）或 3 至 3.5 小時，用於較大的帶骨切塊。偶爾檢查一下湯的水位，如果水位低或者鍋或肉看起來很乾，則添加一點水。當肉變軟並且從骨頭上脫落時，肉就準備好了。食用時，加入鹽和胡椒調味，然後加入歐芹和香菜。

26. 麵包雞肉沙拉配油醋汁

製作 4 至 6 份

原料

對於油醋汁：

1 個檸檬，切半

8 盎司 青蔥，去皮，如果大則減半

3 大瓣大蒜，未剝皮

3/4 杯特級初榨橄欖油，分開

4 小枝新鮮百里香，分開

2½ 茶匙粗鹽，分開

1個檸檬汁

12 盎司農家風格的鄉村麵包，大致撕成 1 英寸的碎片（約 5 杯）

3 湯匙特級初榨橄欖油

現磨黑胡椒

4 杯子剩下的烤雞，切碎或切成一口大小的塊

3　　湯匙醋栗，在溫水中泡10分鐘，瀝乾

4　　杯子 輕裝的辣味蔬菜，如芝麻菜、西洋菜或小紅芥菜

方向

將烤箱預熱至 400 華氏度。

製作油醋汁時，在一個中等大小的碗中，將半個檸檬與青蔥和大蒜混合。將它們與 1/4 杯油、2 枝百里香和 1 茶匙鹽充分攪拌，然後將它們轉移到烤盤中。將檸檬切面朝下，將配料分佈在單層中。用鋁箔蓋住鍋並烘烤 45 至 55 分鐘，偶爾攪拌，直至青蔥變軟並焦糖化。從烤箱中取出平底鍋並放在一邊冷卻。

將烤箱溫度升至 425 華氏度。將麵包與油拌勻，並用鹽和胡椒調味。將麵包單層放在烤盤上，烘烤 10 至 12 分鐘，或直至麵包呈淺金黃色且仍略帶嚼勁。烤麵包後讓烤箱保持打開狀態。

與此同時，從烤檸檬半片中去籽並粗略切碎果肉，丟棄果皮。切掉青蔥的根部，然後剝掉大蒜的皮。將它們與剩餘的 1.5 茶匙鹽、檸檬汁以及烤盤中剩餘的果汁一起放入攪拌機中。攪拌直至光滑，在攪拌機運轉的情況下，慢慢淋入剩餘的 $\frac{1}{2}$ 杯油，直至混合物乳化。將剩余小枝上的百里香葉粗切下來，然後將其放入攪拌機中。再次攪拌混合，並用胡椒調味。

在一個大碗中，將雞肉與足夠的醋汁拌勻以使其濕潤。加入烤麵包和更多油醋汁，直到所有東西都塗上一層薄薄的一層。將碗中的內容物單層鋪在烤盤上，然後放入烤箱短暫加熱，約 4 分鐘。

從烤箱中取出平底鍋，將麵包和雞肉以及醋栗和蔬菜一起放入碗或盤子中。攪拌均勻，加入更多醋汁調味。

27. 檸檬巴馬干酪雞湯配香草餃子

8 份

原料

1 只 （4 至 $4\frac{1}{2}$ 磅）放養雞

5 根胡蘿蔔，分開

2根大韭菜（約1磅），沖洗乾淨

2 瓣大蒜，搗碎

2 莖芹菜，切成 2 英寸的片

1 個小洋蔥，去皮並切半

4 枝新鮮百里香

2 片月桂葉

2 茶匙 黑胡椒

粗鹽和現磨黑胡椒

1湯匙無鹽黃油

1湯匙特級初榨橄欖油

4 條長條檸檬皮，用蔬菜削皮器去除 1 個中號 Parmigiano-Reggiano 奶酪皮（約 6 盎司）

對於餃子：

2杯未漂白的通用麵粉

2 茶匙發酵粉

2 茶匙粗鹽

1 茶匙現磨黑胡椒

2 茶匙切碎的檸檬皮碎

$\frac{1}{4}$ 杯粗切碎的新鮮軟香草，如龍蒿、細香蔥和歐芹

$\frac{1}{2}$ 盎司 Parmigiano-Reggiano 奶酪，精細磨碎（約 $\frac{1}{4}$ 杯）

1 杯全脂牛奶

2 雞蛋，輕輕打散

1/4 杯（1/2 棒）無鹽黃油，融化並稍微冷卻

路線：

將雞肉和 2 根胡蘿蔔一起放入大湯鍋中，切成大塊；韭蔥的綠色部分，切成1英寸的段；還有大蒜、芹菜、洋蔥、百里香、月桂葉和花椒。加入足夠的冷水蓋過雞肉。用中高火煮沸，轉小火，小火煮 45 分鐘至 1 小時，直至雞肉變軟。

將雞肉轉移到碗中冷卻。當雞肉冷卻到可以處理時，輕輕地將其分開，去除一半雞的皮膚和骨頭，例如大腿、腿和翅膀，以及一半的胸肉。丟棄皮膚，將骨頭放回湯鍋中，然後將雞肉留作湯用。將其餘的雞肉放入密封容器中冷藏以備其他用途，例如烤麵包和雞肉沙拉配烤檸檬青蔥油醋汁。繼續煮湯，直至湯汁減少三分之一，即約1小時。通過細網篩將其過濾到一個大碗中，丟棄固體。您應該有 8 到 10 杯高湯。用鹽和胡椒調味品嚐。

在寬鍋或荷蘭烤箱中，用中高火加熱黃油和油。加入韭蔥白，切成兩半並切成 1/2 英寸的片，然後將剩餘的胡蘿蔔切成 1/4 英寸厚的硬幣。炒幾分鐘，然後加入熱情、果皮和高湯。包餃子時，將火調小，慢慢地煮湯。

製作餃子時，在一個中等大小的碗中，將麵粉、泡打粉、鹽、胡椒、熱情、香草和奶酪攪拌在一起。在中心挖一口井，加入牛奶和雞蛋，將它們攪拌在一起，並邊攪拌邊加入麵粉。換用木勺，慢慢加入黃油，直至成分充分混合。此時，麵團應該足夠鬆散，可以輕鬆攪拌，但不

會糊狀。混合時用抹刀刮擦碗的側面，以加入所有乾成分。即使麵團看起來像濕的、蓬鬆的團塊，也要克制住過度攪拌的衝動。

用2茶匙將麵團包成餃子，直接放入正在煮沸的湯中。蓋上鍋蓋，將餃子煮5分鐘，然後檢查餃子是否浮到頂部。如果是的話，把它們翻過來，加入預留的雞肉，繼續煮大約10分鐘，直到餃子熟透，雞肉也熱透。立即上桌，並在接下來的 2 至 3 天內繼續享用剩菜。

28. 橙色南瓜煎餅

原料：

10 克 亞麻粉

45毫升水

235 毫升 無糖豆漿

15 毫升 檸檬汁

60 克 蕎麥粉

60 克 通用麵粉

8 克 發酵粉，不含鋁

2 茶匙 磨碎的橙皮碎

25 克 白奇亞籽

120 克有機南瓜泥（或者直接烘烤南瓜並將果肉製成泥）

30 毫升 融化並冷卻的椰子油

5 毫升 香草醬

30 毫升 純楓糖漿

路線：

將磨碎的亞麻粉與水混合在一個小碗中。放置10分鐘。將杏仁奶和蘋果醋放入一個中等大小的碗中。放置5分鐘。

在一個單獨的大碗中，混合蕎麥粉、通用麵粉、泡打粉、橙皮碎和奇亞籽。

倒入杏仁奶、南瓜泥、椰子油、香草和楓糖漿。

一起攪拌直至形成光滑的麵糊。

用中高火加熱大的不粘鍋。在煎鍋上輕輕刷上一些椰子油。

將60毫升麵糊倒入煎鍋中。將煎餅煮 1 分鐘，或直至表面出現氣泡。

用抹刀輕輕提起煎餅並翻轉。

再煮 1 1/2 分鐘。將煎餅滑到盤子上。對剩餘的麵糊重複上述步驟。

29. 菠菜豆腐炒

酸奶油：

75 克 生腰果，浸泡過夜，

30毫升檸檬汁，

5克營養酵母，

60 毫升水 1 撮鹽，

炒豆腐：

15 毫升橄欖油。

1 個小洋蔥，切丁。

1 瓣大蒜，切碎。

400塊硬豆腐，壓碎，壓碎。

1/2 茶匙孜然粉。

1/2 茶匙咖哩粉。

1/2 茶匙薑黃。

2 個西紅柿，切丁。

30 克 小菠菜 鹽，適量。

路線：

製作腰果酸奶油；沖洗並瀝乾浸泡的腰果。

將腰果、檸檬汁、營養酵母、水和鹽放入食品加工機中。

高速攪拌 5-6 分鐘，直至光滑。

轉移到碗中並放在一邊。將豆腐炒熟；在煎鍋中加熱橄欖油。

加入洋蔥，中高火煮 5 分鐘。

加入大蒜，攪拌煮 1 分鐘。

加入碎豆腐，攪拌均勻，塗上油。

加入孜然、咖哩和薑黃。將豆腐煮2分鐘。

加入西紅柿，煮 2 分鐘。

加入菠菜，煮約 1 分鐘，直至完全枯萎。將炒好的豆腐轉移到盤子上。

上面撒上酸奶油即可食用。

30.隔夜奇亞籽燕麥

原料：

470 毫升全脂豆漿。

90 克老式燕麥片。

40 克奇亞籽。

15 毫升純楓糖漿。

25 克 開心果碎。

黑莓果醬：

500 克 黑莓。

45 毫升純楓糖漿。

30毫升水。

45 克奇亞籽。

15 毫升檸檬汁。

路線：

製作燕麥；在一個大碗中，將豆奶、燕麥、奇亞籽和楓糖漿混合。

蓋上蓋子並冷藏過夜。

做果醬；將黑莓、楓糖漿和水放入平底鍋中混合。中火煮10分鐘。

加入奇亞籽，將黑莓煮 10 分鐘。

從火上移開並加入檸檬汁攪拌。用叉子將黑莓搗碎，放在一邊冷卻。

集合; 將燕麥片分裝在四個碗中。

每碗上面放上黑莓果醬。

食用前撒上開心果。

31．烤胡蘿蔔鷹嘴豆泥

原料：

1罐鷹嘴豆，沖洗並瀝乾。

3根胡蘿蔔。

1 瓣大蒜。

1茶匙辣椒粉。

1 裝了一湯匙芝麻醬。

1個檸檬的汁

2 湯匙額外的初榨橄欖油。

6湯匙水。

1/2 茶匙孜然粉。

加鹽調味。

路線：

將烤箱預熱至 400° F。將胡蘿蔔洗淨、去皮，切成小塊，放在烤盤上，淋上橄欖油、少許鹽和半茶匙辣椒粉。烘烤約 35 分鐘，直至胡蘿蔔變軟。

將它們從烤箱中取出並冷卻。

當它們冷卻時，準備鷹嘴豆泥：將鷹嘴豆洗淨並瀝乾，然後將它們與其餘活性成分一起放入食品磨機中，直到看到充分混合的混合物。

然後加入胡蘿蔔和大蒜，然後再次進行！

32．檸檬餡果仁蛋糕

酥皮殼

3個大蛋白

1/4 茶匙塔塔粉

$\frac{1}{4}$ 茶匙粗鹽

10包阿斯巴甜甜味劑

填充

2$\frac{1}{4}$ 杯水

1 個檸檬皮碎加果汁

30 包阿斯巴甜甜味劑

1/3 杯加 2 湯匙玉米澱粉

2個大雞蛋和2個大蛋白

2湯匙無鹽黃油

將 3 個蛋白放入一個中等大小的碗中，攪打至起泡。加入塔塔粉、鹽和甜味劑，攪打至硬性發泡。在烤盤上鋪上羊皮紙，然後將蛋白酥皮倒在紙上。

同時，製作餡料：將水、檸檬皮和果汁、鹽、甜味劑和玉米澱粉放入一個中等大小的平底鍋中混合。

用中高火煮沸，不斷攪拌。

在一個小碗裡打兩個雞蛋和兩個蛋白。加入大約一半的熱玉米澱粉混合物，然後將雞蛋混合物攪拌回鍋中剩餘的玉米澱粉混合物中。小火煮並攪拌 1 分鐘。

從火上移開，加入黃油。將混合物倒入煮熟並冷卻的蛋白酥皮殼中。上面放上切片草莓，即可食用。

33.意大利芝士蛋糕

原料：

2 杯部分脫脂乳清乾酪

3 大蛋

2 湯匙玉米澱粉

2 包阿斯巴甜甜味劑

$1\frac{1}{2}$ 茶匙檸檬提取物

1 杯 新鮮覆盆子

$\frac{1}{4}$ 杯全水果紅醋栗蜜餞

將烤箱預熱至 325°F。在 9 英寸的餡餅盤上塗抹黃油。在一個大碗中，將乳清乾酪和雞蛋一起攪拌直至光滑。

加入玉米澱粉、甜味劑和檸檬提取物。變成準備好的餡餅盤。在烤箱的中間架子上烘烤 1 小時，或直到插入中間的刀乾淨為止。

放在金屬架上冷卻，然後冷卻。上面放上新鮮的覆盆子。在微波爐中以高功率（100% 功率）融化 30 秒，然後淋在漿果上。

冷藏直至食用時間。

34.檸檬絨毛

原料：

2個大雞蛋，分開

2杯牛奶

1 個信封無味明膠

1包阿斯巴甜甜味劑

1 湯匙糖

2 茶匙檸檬提取物

1 茶匙 磨碎的檸檬皮

在一個中等大小的平底鍋中，將蛋黃攪打至濃稠並呈檸檬味。加入牛奶和明膠，靜置 5 分鐘使其軟化。

加入甜味劑和糖，小火煮 5 分鐘，不斷攪拌。從火上移開，加入檸檬提取物和檸檬皮碎攪拌。

我們放入一個大而淺的碗中，然後在裝滿冰水的大碗中冷卻。

同時，在一個中等大小的碗中，攪打蛋白直至形成軟峰。拌入檸檬混合物中。

用勺子舀入六個甜點盤中，冷卻至凝固。

35.煙熏鷹嘴豆金槍魚沙拉

鷹嘴豆金槍魚：

15 盎司。煮熟的鷹嘴豆罐頭或其他形式。

2-3 湯匙非乳製品原味酸奶或純素蛋黃醬。

2茶匙第戎芥末。

1/2 茶匙孜然粉。

1/2 茶匙熏辣椒粉。

1湯匙新鮮檸檬汁。

1 芹菜莖切丁。

2 蔥切碎。

海鹽調味。

三明治組件：

4片黑麥麵包或發芽小麥麵包。

1 杯嬰兒菠菜。

1 個鱷梨，切片或切塊。

鹽+胡椒。

路線：

準備鷹嘴豆金槍魚沙拉

在食品加工機中，將鷹嘴豆攪拌直至其質地粗糙、易碎。將鷹嘴豆舀入一個中等大小的碗中，加入剩餘的活性成分，攪拌直至充分混合。根據自己的口味加入大量海鹽調味。

做你的三明治

將小菠菜鋪在每片麵包上；添加幾堆鷹嘴豆金槍魚沙拉，均勻鋪開。上面放上鱷梨片、幾粒海鹽和新磨的胡椒粉。

36. 泰式藜麥沙拉

給沙拉用的：

1/2 杯煮熟的藜麥 我用了紅色和白色的組合。

3湯匙磨碎的胡蘿蔔。

2 湯匙紅辣椒，小心切片。

3 湯匙黃瓜，切成薄片。

如果冷凍，將 1/2 杯毛豆解凍。

2 根蔥，切碎。

1/4 杯紅甘藍，切成薄片。

1 湯匙香菜，仔細切碎。

2 湯匙烤花生，切碎（可選）。

嚐嚐鹽的味道。

泰式花生醬：

1 湯匙奶油天然花生醬。

2 茶匙低鹽醬油。

1茶匙米醋。

1/2茶匙芝麻油。

1/2 - 1 茶匙是拉差醬（可選）。

1 瓣大蒜，仔細切碎。

1/2 茶匙 磨碎的薑。

1茶匙檸檬汁。

1/2 茶匙龍舌蘭花蜜（或蜂蜜）。

路線：

製作泰式花生醬：

將所有用於佩戴的成分混合在一個小碗中，攪拌直至充分混合。

製作沙拉：

將藜麥與蔬菜放入攪拌碗中。加入調料並充分混合以融入。

將烤好的花生撒在上面即可食用！

37．土耳其豆沙拉

給沙拉用的：

1 1/2 杯煮白豆。

1/2 杯切碎的西紅柿。

1/2 杯黃瓜片。

2 青椒，切片。

1/4 杯歐芹片。

1/4 杯切碎的新鮮蒔蘿。

1/4 杯切好的洋蔥。

4個煮雞蛋。

敷料

對於快速洋蔥泡菜：

2杯溫水。

2個紅洋蔥，切成薄片。

1湯匙檸檬汁。

1茶匙醋。

1茶匙鹽。

1茶匙漆樹。

路線：

在一個大碗中，混合除雞蛋以外的沙拉所有成分。

攪拌任何調料，然後將其放在沙拉上。充分攪拌，然後在上面放上切片或半切的雞蛋。

製作快速洋蔥泡菜：

將切好的洋蔥放入熱水中，焯一分鐘，然後將其放入冷水中以停止烹飪。讓它們在冷水中浸泡幾分鐘並瀝乾。

將檸檬汁、鹽、醋和漆樹混合，然後放在瀝乾的洋蔥上。一切準備就緒，5 到 10 分鐘內即可使用。等待的時間越長，顏色越亮。

在沙拉混合物中加入紅洋蔥，並充分攪拌。多留一些洋蔥放在上面。

將沙拉分享到碗中，然後再放一些紅洋蔥。

38. 蔬菜和藜麥碗

蔬菜：

4根中等大小的整根胡蘿蔔。

1 1/2 杯 嬰兒黃土豆，切成四份。

2 湯匙楓糖漿。

2湯匙橄欖油。

健康海鹽+黑胡椒各1撮。

1 湯匙切片新鮮迷迭香。

2 杯子將球芽甘藍減半。

藜麥：

1杯白藜麥，沖洗乾淨+瀝乾。

1 3/4 杯水。

1撮海鹽。

醬：

1/2 杯芝麻醬。

1 個中等大小的檸檬，榨汁（產量 - 3 湯匙或 45 毫升）。

2-3湯匙楓糖漿。

對於服務可選：

新鮮香草（歐芹、百里香等）。

石榴假種皮。

路線：

將烤箱預熱至 400 華氏度 (204° C)，並在烤盤上鋪上羊皮紙

將胡蘿蔔和土豆放入烤盤中，淋上一半楓糖漿、一半橄欖油、鹽、胡椒和迷迭香。折騰整合。然後烤12分鐘。

與此同時，用中高火加熱平底鍋。一旦熱，加入沖洗過的藜麥輕輕炒一下，然後加水以蒸發剩餘的水分並突出堅果的味道。

準備 2-3 分鐘，經常攪拌。加水和少許鹽。最後，準備調料。

食用時，將藜麥和蔬菜分裝在碗中，並淋上大量芝麻醬。以石榴假種皮或新鮮香草等裝飾選擇為主。

39. 藜麥鷹嘴豆佛碗

鷹嘴豆：

1 杯幹鷹嘴豆。

1/2 茶匙海鹽。

藜麥：

1 湯匙橄欖油、葡萄籽油或鱷梨油（或椰子油）。

1 杯白藜麥（沖洗乾淨）。

1 3/4 杯水。

1 撮健康的海鹽。羽衣甘藍：

1大包羽衣甘藍

芝麻醬：

1/2 杯芝麻醬。

1/4 茶匙海鹽。

1/4 茶匙大蒜粉。

1/4 杯水。

服務：

新鮮檸檬汁。

路線：

將鷹嘴豆在冷水中浸泡過夜，或使用快速浸泡方法：將沖洗過的鷹嘴豆放入大鍋中，蓋上 2 英寸深的水。瀝乾、沖洗，然後放回鍋中。煮浸泡的鷹嘴豆時，將其放入一個大鍋中，並蓋上 2 英寸深的水。用大火煮沸，然後轉小火，加入鹽並攪拌，不蓋鍋蓋煮 40 分鐘 - 1 小時 20 分鐘。

在 40 分鐘後品嚐一顆豆子，看看它們有多嫩。您正在尋找一種簡單的嫩豆，咬一下，豆皮就會開始顯露出剝落的跡象。準備好後，瀝乾豆子放在一邊，撒上一點鹽。

準備調料，將芝麻醬、海鹽和大蒜粉放入一個小碗中，攪拌均勻。然後一次一點地加水，直到形成可傾倒的醬汁。

將 1/2 英寸的水加入中型平底鍋中，用中火煮沸。立即將羽衣甘藍從火上移開，然後轉移到小盤子中即可食用。

40.鱷梨鷹嘴豆三明治

1.可以將不加鹽的鷹嘴豆瀝乾並沖洗乾淨。

1個大的熟鱷梨。

1 1/2 湯匙檸檬汁。

1/2 茶匙辣椒，切碎。

鹽和胡椒。

4 片全麥麵包。

大寶番茄1個，切片。

1/2 杯甜微型蔬菜。

1/2 杯胡蘿蔔絲。

1/2 杯準備好的甜菜絲。

路線：

在碗中，將鱷梨搗碎至相對光滑，加入檸檬汁、辣椒和鷹嘴豆。用鹽和胡椒調味。

製作三明治時，將西紅柿片放在一片麵包上，加入微型蔬菜、甜菜、鷹嘴豆沙拉和胡蘿蔔。享受！

41．青豆芽

600 克 球芽甘藍，四等分並切碎。

600 克 青豆。

1湯匙橄欖油。

1 個檸檬，擦皮並榨汁。

4湯匙烤松子。

路線：

煮幾秒鐘，然後加入蔬菜，炒 3-4 分鐘，直到豆芽稍微變色。

加入少許檸檬汁、鹽和胡椒調味。

42.豬肉配南瓜意大利面

1茶匙橄欖油

12盎司豬里脊肉，切成1英寸厚的圓片

½ 茶匙粗鹽

1/4 茶匙現磨黑胡椒

1湯匙切碎的青蔥

1杯干紅葡萄酒

1/4 茶匙玉米澱粉

磨碎的檸檬皮碎 ½ 個檸檬加 2 茶匙新鮮檸檬汁

1湯匙全水果（不加糖）紅醋栗果凍

1 茶匙第戎芥末

2 杯烤意大利面南瓜

用中高火加熱一個大煎鍋，然後塗上油。同時，用紙巾擦乾豬肉片，並用鹽和胡椒調味。每面煎 3 至 4 分鐘，直至外部變脆並呈棕色，中間不再呈粉紅色。轉移到加熱的餐盤中並保留。

將青蔥加入鍋中，煮約 30 秒。加入葡萄酒，煮沸，煮沸 5 分鐘左右，減少至約 1/4 杯。將玉米澱粉溶解在檸檬汁中，然後攪拌到醬汁中。邊煮邊攪拌，直到醬汁變得濃稠、看起來光滑。從火上移開，拌入果凍和芥末。品嚐並用鹽和胡椒調整調味料。

上菜時，在每個盤子上放一窩烤意大利面南瓜，上面放上豬肉圓章和醬汁。

43. 辣藜麥沙拉三明治

原料：

1 杯煮熟的藜麥。

1 鷹嘴豆罐頭。

半個小紅洋蔥。

1 湯匙芝麻醬。

2 茶匙孜然粉。

1茶匙香菜粉。

1/4 杯切碎的歐芹。

3 瓣蒜。

半個檸檬汁。

1湯匙椰子油。

1湯匙醬油（GF醬油）。

1/2 - 1 茶匙辣椒片。

海鹽準備。

路線：

將鷹嘴豆、紅洋蔥、大蒜、芝麻醬、辣椒片、孜然、香菜、檸檬汁和鹽放入食品磨中，斷斷續續地攪拌 15 秒，這樣鷹嘴豆就會分解，但不會不要把它們弄成泥。

用手將混合物揉成小球（每個小球約 2 湯匙麵團），然後放在烤盤上。

將它們放入冰箱冷藏 1 小時。

兩面撒上少許麵粉。

在大平底鍋中用中火加熱椰子油。

加入沙拉三明治球，每面煮 3-5 分鐘。

44．加勒比鹽"魚"

4份

原料

- 820克手掌熱量
- 2 顆 蔥
- 1個黃洋蔥
- 2個中等大小的西紅柿
- 4 手套 大蒜
- 1 個紅辣椒
- 1 橙辣椒
- 1 湯匙 醬油
- 2湯匙紫菜片
- 1茶匙新鮮百里香
- 檸檬汁
- 粉紅色的鹽和胡椒
- 一把新鮮歐芹
- 烹飪用植物油或水

路線：

a) 在食品加工機中切碎或脈衝掌心，直到獲得合適的稠度。

b) 將辣椒和蔥切碎，將黃洋蔥切成薄片。

c) 將辣椒和兩個洋蔥放入鍋中，炒 5 分鐘直至微熟。

d) 將除歐芹外的剩餘原料放入鍋中，攪拌均勻，再煮 5 分鐘。關掉火，然後用大量新鮮歐芹裝飾。

45．菠菜沙拉配麵包果

製作 6

配料 菠菜沙拉

- 500 克（1 磅）新鮮菠菜，洗淨並乾燥
- 1茶匙鹽 1茶匙油
- 1 個中等大小的洋蔥，切片
- 6 個蔥，切成薄片
- 2湯匙檸檬汁 2湯匙橄欖油

麵包果

- 1 個綠色至半熟的麵包果
- 濃鹽水
- 油煎炸

路線：

a) 準備菠菜沙拉時，將菠菜撕成大塊，放入一個大的淺盤中。撒上鹽，放置 15 分鐘。

b) 同時，用中火將煎鍋中的油加熱。加入洋蔥，炒至變軟半透明，大約需要 5 分鐘。擱置。

c) 將菠菜瀝乾，擠乾，然後將葉子放入碗中。加入蔥、檸檬汁和橄欖油。

輕輕攪拌並用炒洋蔥裝飾。

準備麵包果

d) 將麵包果去皮，切成四等分，然後去掉果核。縱向切成厚楔形並浸泡1小時

在鹽水中。將切片從水中取出並用紙巾拍幹。

e) 用中高火加熱足夠的油以覆蓋大煎鍋的底部，直到非常熱，但不冒煙。一次將麵包果片煎幾片，直至呈金黃色，大約需要 3 至 5 分鐘。如果需要的話，用紙巾瀝乾水分並撒上少許鹽。與菠菜沙拉一起食用。

46. 快速哈里薩辣醬雞和塔布勒色拉

製作：4餐

原料

- 50 克 哈里薩辣醬
- 1茶匙特級初榨橄欖油
- 1 捏密封鹽
- 3 x 雞胸肉（嘗試帶皮以獲得額外的風味）
- 180 克 保加利亞小麥或粗麥粉（乾重）
- 40 克 歐芹（莖和葉）
- 20 克 薄荷葉
- 6-8 x 蔥
- 1/2 根黃瓜
- 4 個西紅柿
- 6 湯匙 希臘酸奶
- 1/2 個檸檬（汁和皮碎）
- 1 瓣大蒜（切碎）
- 1 撮 海鹽
- 1把石榴籽（可選）

a) 對於雞肉：將烤箱預熱至 190°C。在一個小碗中，混合哈里薩辣醬、橄欖油和少許鹽。

b) 用鋒利的刀在雞胸肉的頂部划痕，然後將哈里薩辣醬混合物擦在雞胸肉上並塗在划痕線上。

c) 等待的同時，製作塔布勒色拉。根據包裝背面的說明烹製保加利亞小麥或蒸粗麥粉。煮熟後，瀝乾水分，倒入一個大碗中，用叉子將穀物分開。讓其冷卻。

d) 將歐芹、薄荷葉、蔥、黃瓜切碎，

e) 調料：只需將希臘酸奶、檸檬汁、檸檬皮碎、蒜末和海鹽放入碗中即可。

f) 所有組件準備就緒後，將其分裝到三個特百惠容器中。讓它冷卻，然後冷藏並保存最多 3 天。

47. 哈里薩辣醬雞和摩洛哥蒸粗麥粉

4人份

原料

- 500 克 去骨去皮雞大腿
- 1 湯匙 特級初榨橄欖油
- 2 湯匙 哈里薩辣醬
- ½ 個檸檬（榨汁）
- 1 個洋蔥（切碎）
- 3瓣蒜（壓碎）
- 2湯匙椰子油
- 1茶匙孜然
- 1茶匙煙熏辣椒粉
- 350 克 蒸粗麥粉
- 1 塊蔬菜高湯塊
- 1升開水
- 1束新鮮歐芹（切碎）
- 1茶匙辣椒片
- 40 克 松子
- 50 克 葡萄乾

路線

a) 首先，將橄欖油、哈里薩辣醬、鹽、胡椒和檸檬汁加入雞大腿中，然後將醬按摩進去。塗好後，放在一邊醃製。

b) 同時，將洋蔥和大蒜切碎，然後在不粘鍋中加熱一湯匙椰子油。加入洋蔥，煮 5 分鐘直至變軟。

c) 將大蒜放入鍋中煮 2 分鐘，然後加入小茴香和煙熏辣椒粉。將香料加入洋蔥和大蒜中，然後加入乾蒸粗麥粉。

d) 將蔬菜高湯和沸水混合在一起，然後放入鍋中。攪拌所有東西直至混合，然後讓蒸粗麥粉吸收液體。

e) 與此同時，將剩餘的一湯匙椰子油放入鑄鐵鍋或煎鍋中，用高溫加熱。加入哈里薩辣醬雞大腿，每面煮 4-5 分鐘，然後從鍋中取出放在一邊。

f) 一旦蒸粗麥粉吸收了蔬菜高湯，體積增大了一倍，轉移到大碗中，加入葡萄乾、松子、歐芹、½ 個檸檬汁、鹽、胡椒和辣椒片。

g) 在每個準備餐點的容器中添加一層蒸粗麥粉，並在上面放上切片的哈里薩辣醬雞。

48. 奶油檸檬百里香雞

6人份

原料
- 2茶匙新鮮百里香
- 2茶匙混合香草
- 鹽和胡椒粉調味
- 6 個去骨去皮雞大腿
- 1湯匙油
- 1 個洋蔥（切碎）
- 2 瓣蒜（切碎）
- 1個檸檬汁
- 100毫升雞湯
- 200ml 法式鮮奶油
- 檸檬片
- 新鮮百里香

服務建議：
- 藜麥（每份約50克）
- 嫩莖西蘭花

路線

a) 首先，準備調味料，將新鮮百里香、混合香草、鹽和胡椒放入小碗中混合。大量撒在雞腿上，確保均勻塗抹，並將剩餘的調味料放在一邊以備後用。

b) 接下來，將油加入大鍋中，用中火加熱。一旦熱了，加入雞腿，每面煮幾分鐘。它們的外面應該是酥脆的、棕色的，裡面完全煮熟（沒有粉紅色的碎片）。將雞肉從鍋中取出並放在一邊。

c) 在煮雞肉的同一個鍋中，加入洋蔥和大蒜，煮幾分鐘直至變軟。然後加入檸檬汁、雞湯和任何剩餘的調味料混合物，攪拌均勻，然後起泡幾分鐘。

d) 加入法式酸奶油，攪拌均勻，再煮 2-3 分鐘使其變稠。然後將雞腿放回鍋中，加熱幾分鐘。

e) 從火上移開，用新鮮檸檬片和少許百里香裝飾。與藜麥一起食用，立即享用，或者分份為一周的膳食做準備。可口的。

49．雞肉和香腸海鮮飯

5人份

原料

- 100 克 香腸
- 500克去皮雞大腿
- 鹽和胡椒粉調味
- 1 個洋蔥（切碎）
- 1茶匙薑黃
- 1茶匙辣椒粉
- 2 瓣蒜（切碎）
- 紅辣椒 1 個（切片） ⬜ 海鮮飯米 225 克
- 400毫升雞湯
- 4個西紅柿（切碎）
- 100克豌豆

配菜：

- 檸檬和酸橙角
- 新鮮歐芹

路線

a) 首先將香腸片放入一個大的不粘鍋中，煮幾分鐘，直到側面開始變成棕色並釋放出油。然後取出並放在一邊以備後用。

b) 將雞腿放入鍋中，用香腸的天然油烹調。用鹽和胡椒調味，煮至兩面都變成棕色，沒有粉紅色殘留。從鍋中取出並放在一邊。

c) 接下來，加入切碎的洋蔥，炒幾分鐘直至變軟。然後加入薑黃、辣椒粉、大蒜和紅辣椒，攪拌均勻，使所有香料都裹上。

d) 幾分鐘後，加入西班牙海鮮飯並攪拌。然後倒入雞湯和切碎的西紅柿，將所有東西混合直至均勻。

e) 將香腸片放回鍋中攪拌，然後加入雞大腿。蓋上鍋蓋，小火煮 15 分鐘，讓米飯煮熟並吸收液體。

f) 最後加入豌豆，攪拌均勻，最後加熱幾分鐘，然後關火。佐以大量酸橙和檸檬角，並飾以新鮮歐芹。

50. 烤金槍魚排和紅薯角

製作 4

原料

對於金槍魚牛排：

- 4 x 150克金槍魚排
- 1茶匙粗海鹽
- 1 湯匙 100% 椰子油（融化）
- 2湯匙粉紅胡椒粒
- 對於紅薯：
- 4個大紅薯
- 1湯匙普通麵粉
- 1/2 茶匙鹽
- 1/2 茶匙 胡椒粉
- 1/2 湯匙 100% 椰子油（融化）

路線

a) 首先，將烤箱預熱至 200°C。

b) 然後，準備紅薯。將每個土豆擦洗乾淨，然後用叉子在整個土豆上紮孔。放在微波爐盤上，用微波爐高火加熱 4-5 分鐘，然後從微波爐中取出，冷卻一兩分鐘。

c) 一旦冷卻到可以觸摸，將紅薯切成楔形。將麵粉、鹽、胡椒和融化的椰子油撒在楔子上，然後稍微搖晃以覆蓋它們（這會使它們變得超級脆）。將它們放入烤盤中，以 200°C 的溫度烘烤 15-20 分鐘。

d) 當紅薯條快熟時，就該煮金槍魚排了。在每塊牛排的兩面都塗上融化的椰子油，然後撒上鹽，然後放入已經加熱一分鐘左右的大煎鍋或煎鍋中。

e) 如果您喜歡烤金槍魚，請將金槍魚排每面煎 1-2 分鐘；如果您喜歡將其煮熟，則每面煎 3-4 分鐘。

f) 在備餐盒中準備好沙拉或菠菜葉，然後將紅薯塊分開，最後添加金槍魚排。在牛排上撒上碎粉紅胡椒粒，並搭配檸檬角。

g) 存放在密封容器中，在冰箱中最多可保存 3 天。準備食用時，取下蓋子並將其鬆鬆地放回頂部，留出一點間隙。用微波爐高火加熱 3.5 分鐘或直到滾燙。進食前靜置 1 分鐘。

51．辣味卡真三文魚和大蒜蔬菜

原料

- 3瓣大蒜（大致切碎）
- 1 個檸檬（切成很薄的環）
- 3片野生鮭魚片
- 1.5 湯匙 卡真調味料
- 1 湯匙 橄欖油
- 1茶匙粗海鹽和黑胡椒
- 180克（乾重）蒸粗麥粉
- 10-12莖嫩莖西蘭花
- 2 個西葫蘆

路線

a) 將烤箱預熱至 160°C。將嫩莖西蘭花的干端切掉（約1厘米），然後將小胡瓜螺旋狀。

b) 將西蘭花放入深烤盤中，然後鋪上西葫蘆、大蒜和檸檬，並用海鹽和黑胡椒調味。淋上少許橄欖油。

c) 用剩餘的橄欖油和卡真調味料擦拭三文魚片的各個側面，然後將它們放在蔬菜上，帶皮的一面朝上。烤25分鐘，然後增加將溫度調至180°C，再烘烤5分鐘，直至表皮開始酥脆。

d) 按照包裝上的說明烹製粗麥粉，然後分裝到 3 個特百惠容器中。將三文魚、蔬菜和一些檸檬片分裝在容器中，然後冷卻。蓋上蓋子並冷藏最多 3 天。

e) 準備食用時，用微波爐全功率加熱 3 分鐘或直至滾燙。

52．金槍魚意大利面沙拉

3人份

原料

- 200克煮熟的意大利面
- 2罐金槍魚
- 1罐甜玉米（100克）
- 胡蘿蔔 2 條（切絲） 黃辣椒 1 條（切丁） 調料：
- 4 湯匙 橄欖油
- 1 個檸檬（汁和皮碎）
- $\frac{1}{2}$ 茶匙大蒜粉
- 鹽和胡椒粉調味

路線

a) 首先，將油、檸檬汁和檸檬皮、大蒜粉、鹽和胡椒粉放入一個小碗中，攪拌均勻，製作調味汁。

b) 接下來，將煮熟的意大利面放入一個大碗中，然後加入胡蘿蔔絲、甜玉米、辣椒丁和瀝乾的金槍魚。將調料倒在上面，然後用大勺子小心地將所有東西混合在一起，使其分佈均勻。

c) 分裝到 3 個備餐容器中，並在接下來的幾天裡存放在冰箱中。午飯安排好了。

53．地中海火雞肉丸配酸奶黃瓜醬

份數：50

原料：

- 2磅碎火雞
- 2湯匙橄欖油
- 1 個中等大小的洋蔥，切碎
- 鹽少許
- 1 個中等大小的西葫蘆，磨碎
- 1½ 湯匙刺山柑，切碎
- ½ 杯曬乾的西紅柿，切碎
- 2片全麥麵包（或白麵包）
- ½ 杯歐芹
- 1 個雞蛋
- 1 大瓣大蒜，切碎
- ½ 茶匙粗鹽
- ½ 茶匙黑胡椒
- 1 湯匙 伍斯特沙司
- ½ 杯切碎或磨碎的帕爾馬干酪 ⏹ 2 湯匙切碎的新鮮薄荷

用於酸奶黃瓜醬

- 8 盎司低脂原味酸奶
- 1 個大蒜瓣，切碎
- 1 個檸檬，去皮
- 1湯匙新鮮薄荷
- ½ 根黃瓜，去皮

路線：

a) 將烤箱預熱至375度。準備兩張烤盤，鋪上錫紙並噴上蔬菜噴霧。

b) 在中型煎鍋中用中高火加熱 1 湯匙橄欖油。加入洋蔥和少許鹽，煮至半透明。將洋蔥轉移到一個大碗中。

c) 將剩餘的一湯匙橄欖油加入煎鍋中，然後加入磨碎的西葫蘆。撒上少許鹽，煮約 5 分鐘，直至西葫蘆枯萎變軟。將西葫蘆和洋蔥一起放入碗中。加入刺山柑和曬乾的西紅柿，攪拌混合。

d) 將麵包放入迷你食品加工機的碗中，攪拌直至形成細麵包屑。加入歐芹並攪拌幾次，直至歐芹切碎並與麵包屑充分混合。將麵包屑轉移到碗中。將雞蛋、大蒜、粗鹽、黑胡椒、伍斯特沙司、帕爾馬干酪和薄荷放入碗中，攪拌。

e) 加入火雞肉，用手將火雞放入粘合劑中，直至充分混合。舀出一湯匙火雞混合物，在雙手之間滾動，形成肉丸。將肉丸放在烤盤上，間隔約 1 英寸。烘烤 20-25 分鐘，直至呈淺棕色並煮熟。

f) 同時製作酸奶黃瓜醬：將大蒜、檸檬、薄荷和黃瓜放入一個小碗中，攪拌。加入酸奶並攪拌混合。蓋上蓋子並冷藏直至可以食用。

g) 將肉丸轉移到盤子上，然後將酸奶黃瓜醬放在一邊。

54. 簡易墨西哥鷹嘴豆沙拉

4人份。

原料

- 19盎司鷹嘴豆罐頭，沖洗並瀝乾
- 1 個大番茄，切碎
- 3 整顆大蔥，切片或 S 杯紅洋蔥丁
- 1/4 杯 切碎的香菜（新鮮香菜）
- 1 個鱷梨，切丁（可選）
- 2湯匙植物油或橄欖油
- 1 湯匙 檸檬汁
- 1茶匙孜然
- 1/4 茶匙 辣椒粉
- 1/4 茶匙 鹽

路線

a) 在碗中，攪拌油、檸檬汁、小茴香、辣椒粉和鹽。

b) 加入鷹嘴豆、西紅柿、洋蔥、香菜，攪拌直至混合。

c) 如果使用鱷梨，請在食用前添加。最多可冷藏2天。

55. 豆腐菠菜烤肉捲

3-4人份

原料

- 8 條意大利烤肉捲/通心粉面條（如果需要，不含麩質）， 煮得有嚼勁
- 1 16 盎司。一罐你最喜歡的意大利麵醬
- 2湯匙橄欖油
- 1 個中等大小的洋蔥，切碎
- 1 1o 盎司。一包冷凍菠菜，解凍並切碎 - 或
  1 袋新鮮菠菜，切碎
- 16 盎司。硬豆腐或絲豆腐
- 1/2 杯浸泡過的腰果，瀝乾並磨細 （可選）
- 1/4 杯 胡蘿蔔絲 （可選）
- 2 湯匙 檸檬汁
- 1 瓣大蒜，切碎
- 1湯匙營養酵母
- 1茶匙鹽
- 1/4 茶匙 黑胡椒
- 切碎的純素奶酪，例如 Daiya （可選）

路線

a) 在不粘鍋中，將洋蔥放入油中炒至半透明。拌入菠菜，然後關火。

b) 在一個碗中，混合豆腐、腰果（如果使用）、胡蘿蔔、檸檬汁、大蒜、營養酵母、鹽和胡椒。

c) 將菠菜洋蔥混合物加入豆腐混合物中，攪拌直至充分混合。

d) 將烤箱預熱至 350F。在9×133平底鍋的底部倒一層薄薄的意大利麵醬。

e) 用小勺子將每個煮熟的貝殼填滿餡料。將填滿的貝殼排列在鍋中，並蓋上剩餘的意大利麵醬。

f) 用箔紙蓋住鍋，以防止貝殼變乾。

g) 烘烤約 30 分鐘，或直至冒泡。

h) 如果添加純素奶酪，請在烤箱中最後 2 分鐘將其撒在上面。

56. 煙燻鷹嘴豆金槍魚沙拉

鷹嘴豆金槍魚：

- 15 盎司。煮熟的鷹嘴豆罐頭或其他形式。
- 2-3 湯匙非乳製品原味酸奶或純素蛋黃醬。
- 2茶匙第戎芥末。
- 1/2 茶匙孜然粉。
- 1/2 茶匙煙熏辣椒粉。
- 1湯匙新鮮檸檬汁。
- 1根芹菜莖切丁。
- 2根蔥切碎。
- 海鹽調味。

三明治組件：

- 4片黑麥麵包或發芽小麥麵包。
- 1 杯嬰兒菠菜。
- 1 個鱷梨，切片或切塊。
- 鹽+胡椒。

路線：

a) 在食品加工機中，將鷹嘴豆攪拌直至其質地粗糙、易碎。將鷹嘴豆舀入一個中等大小的碗中，加入剩餘的活性成分，攪拌直至充分混合。根據自己的口味加入大量海鹽調味。

b) 將小菠菜鋪在每片麵包上；添加幾堆鷹嘴豆金槍魚沙拉，均勻鋪開。上面放上鱷梨片、幾粒海鹽和新磨的胡椒粉。

57. 泰式藜麥沙拉

給沙拉用的：

- 1/2 杯煮熟的藜麥
- 3湯匙磨碎的胡蘿蔔。
- 2湯匙紅辣椒，小心切片。
- 3湯匙黃瓜，切成薄片。
- 1/2 杯 毛豆
- 2 根蔥，切碎。
- 1/4 杯紅甘藍，切成薄片。
- 1湯匙香菜，仔細切碎。
- 2湯匙烤花生，切碎（可選）。
- 鹽。

泰式花生醬：

- 1湯匙奶油天然花生醬。
- 2茶匙低鹽醬油。
- 1茶匙米醋。
- 1/2茶匙芝麻油。
- 1/2 - 1 茶匙是拉差醬（可選）。
- 1 瓣大蒜，仔細切碎。
- 1/2 茶匙磨碎的薑。
- 1茶匙檸檬汁。
- 1/2 茶匙龍舌蘭花蜜（或蜂蜜）。

路線：

a) 將所有配料混合在一個小碗中，攪拌直至充分混合。

b) 將藜麥與蔬菜放入攪拌碗中。加入調料並充分混合以融入。

c) 將烤好的花生撒在上面即可食用！

58. 土耳其豆沙拉

給沙拉用的：

- 1 1/2 杯煮白豆。

- 1/2 杯切碎的西紅柿。

- 1/2 杯黃瓜片。

- 2 個青椒，切片。

- 1/4 杯歐芹片。

- 1/4 杯切碎的新鮮蒔蘿。

- 1/4 杯切好的洋蔥。

- 4個煮雞蛋。

敷料

- 2杯溫水。

- 2個紅洋蔥，切成薄片。

- 1湯匙檸檬汁。

- 1茶匙醋。

- 1茶匙鹽。

- 1茶匙漆樹。

路線：

a) 在一個大碗中，混合除雞蛋以外的沙拉所有成分。

b) 攪拌任何調料，然後將其放在沙拉上。充分攪拌，然後在上面放上切片或半切的雞蛋。

c) 將切好的洋蔥放入熱水中，焯一分鐘，然後將其放入冷水中以停止烹飪。讓它們在冷水中浸泡幾分鐘並瀝乾。

d) 將檸檬汁、鹽、醋和漆樹混合，然後放在瀝乾的洋蔥上。一切準備就緒，5 到 10 分鐘內即可使用。

   等待的時間越長，顏色越亮。

e) 在沙拉混合物中加入紅洋蔥，並充分攪拌。多留一些洋蔥放在上面。

f)   將沙拉分享到碗中，然後再放一些紅洋蔥。

59. 蔬菜和藜麥碗

蔬菜：

- 4根中等大小的整根胡蘿蔔。
- 1 1/2 杯子 四分之一的嬰兒黃土豆。
- 2湯匙楓糖漿。
- 2湯匙橄欖油。
- 健康海鹽+黑胡椒各1撮。
- 1 湯匙切片新鮮迷迭香。
- 2 杯球芽甘藍減半。

藜麥：

- 1杯白藜麥，沖洗乾淨+瀝乾。
- 1 3/4 杯水。
- 1撮海鹽。

醬：

- 1/2 杯芝麻醬。
- 1 個中等大小的檸檬，榨汁（產量 - 3 湯匙或 45 毫升）。
- 2-3湯匙楓糖漿。

對於服務可選：

- 新鮮香草（歐芹、百里香等）。
- 石榴假種皮。

路線：

a) 將烤箱預熱至 400 華氏度 (204° C)，並在烤盤上鋪上羊皮紙

b) 將胡蘿蔔和土豆放入烤盤中，淋上一半楓糖漿、一半橄欖油、鹽、胡椒和迷迭香。折騰整合。然後烤12分鐘。

c) 與此同時，用中高火加熱平底鍋。一旦熱，加入沖洗過的藜麥輕輕炒一下，然後加水以蒸發剩餘的水分並突出堅果的味道。

d) 準備 2-3 分鐘，經常攪拌。加水和少許鹽。最後，準備調料。

e) 食用時，將藜麥和蔬菜分裝在碗中，並淋上大量芝麻醬。以石榴假種皮或新鮮香草等裝飾選擇為主。

60.鱷梨鷹嘴豆三明治

原料：

- 1.可以將不加鹽的鷹嘴豆瀝乾並沖洗乾淨。
- 1個大的熟鱷梨。
- 1 1/2 湯匙檸檬汁。
- 1/2 茶匙辣椒，切碎。
- 鹽和胡椒。
- 4 片全麥麵包。
- 大寶番茄1個，切片。
- 1/2 杯甜微型蔬菜。
- 1/2 杯胡蘿蔔絲。
- 1/2 杯準備好的甜菜絲。

路線：

a) 在碗中，將鱷梨搗碎至相對光滑，加入檸檬汁、辣椒和鷹嘴豆。用鹽和胡椒調味。

b) 製作三明治時，將西紅柿片放在一片麵包上，加入微型蔬菜、甜菜、鷹嘴豆沙拉和胡蘿蔔。享受！

61.青豆芽

原料：

- 600 克 球芽甘藍，四等分並切碎。
- 600 克 青豆。
- 1 湯匙橄欖油。
- 1 個檸檬，擦皮並榨汁。
- 4 湯匙烤松子。

路線：

a) 煮幾秒鐘，然後加入蔬菜，炒 **3-4** 分鐘，直到豆芽稍微變色。

b) 加入少許檸檬汁、鹽和胡椒調味。

62.豬肉配南瓜意大利面

原料

- 1茶匙橄欖油
- 12盎司豬里脊肉，切成1英寸厚的圓片
- $\frac{1}{2}$ 茶匙粗鹽
- 1/4 茶匙現磨黑胡椒
- 1湯匙切碎的青蔥
- 1杯干紅葡萄酒
- 1/4 茶匙玉米澱粉
- 磨碎的檸檬皮碎 $\frac{1}{2}$ 個檸檬加 2 茶匙新鮮檸檬汁
- 1湯匙全水果（不加糖）紅醋栗果凍
- 1 茶匙第戎芥末 ▯ 2 杯烤意大利面南瓜

a) 用中高火加熱一個大煎鍋，然後塗上油。同時，用紙巾擦乾豬肉片，並用鹽和胡椒調味。每面煎 3 至 4 分鐘，直至外部變脆並呈棕色，中間不再呈粉紅色。轉移到加熱的餐盤中並保留。

b) 將青蔥加入鍋中，煮約 30 秒。加入酒，煮沸，減少至約 1/4 杯，5
分鐘左右。將玉米澱粉溶解在檸檬汁中，然後攪拌到醬汁中。邊煮邊攪拌，直到醬汁變得濃稠、看起來光滑。從火上移開，拌入果凍和芥末。品嚐並用鹽和胡椒調整調味料。

c) 上菜時，在每個盤子上放一窩烤意大利面南瓜，上面放上豬肉圓章和醬汁。

63. 辣藜麥沙拉三明治

原料：

- 1 杯煮熟的藜麥。
- 1 鷹嘴豆罐頭。
- 半個小紅洋蔥。
- 1 湯匙芝麻醬。
- 2 茶匙孜然粉。
- 1 茶匙香菜粉。
- 1/4 杯切碎的歐芹。
- 3 瓣蒜。
- 半個檸檬汁。
- 1 湯匙椰子油。
- 1 湯匙 tamari（GF 醬油）。
- 1/2 - 1 茶匙辣椒片。
- 海鹽準備。

路線：

a) 將鷹嘴豆、紅洋蔥、大蒜、芝麻醬、辣椒片、孜然、香菜、檸檬汁和鹽放入食品磨中，斷斷續續地攪拌 15 秒，這樣鷹嘴豆就會分解，但不會不要把它們弄成泥。

b) 用手將混合物揉成小球（每個小球約 2 湯匙麵團），然後放在烤盤上。

c) 將它們放入冰箱冷藏 1 小時。

d) 兩面撒上少許麵粉。

e) 在大平底鍋中用中火加熱椰子油。

f) 加入沙拉三明治球，每面煮 3-5 分鐘。

甜食

64. 迷你檸檬酥皮百日咳派，檸檬凝乳餡

製作約 2 打百日咳餡餅

½ 杯砂糖

¼ 杯 淡紅糖

3個蛋清，室溫

1/4 茶匙塔塔粉

捏粗鹽

½ 茶匙香草精

⅔ 杯（½ 配方）檸檬凝乳

將烤箱預熱至 200 華氏度。在 2 個烤盤上鋪上羊皮紙。

將顆粒糖和紅糖放入食品加工機的碗中。短脈衝脈衝直至它們充分結合併精細研磨。擱置。

將蛋白放入裝有攪拌器附件的立式攪拌機的干淨、乾燥的碗中，或可與電動手持式攪拌機一起使用的干淨、乾燥的碗中。（即使碗或蛋白中有一點蛋黃、油或水，它們也不會變硬。）開始中低速攪拌。當蛋白起泡時，加入塔塔粉和鹽，繼續攪拌約 2 分鐘，或直至蛋白變稠並起泡。將速度提高到中高，慢慢加入糖混合物，一次大約一湯匙。當所有的糖都混合後，將速度調至高速，攪打約 10 分鐘，直至形成堅硬、閃亮的峰。加入香草精，攪拌約 5 秒，直至完全混合。

將蛋白酥皮舀入裝有 1/2 英寸尖頭的糕點袋或剪掉一角的自封袋中。將袋子垂直於烤盤，並用管狀小平盤，直徑約 1 1/4 英寸，高 1 4 英寸。烘烤約 1.5 小時，直至蛋白酥皮變乾變脆。關掉烤箱，讓它們完全冷卻。

組裝餅乾時，將一半蛋白酥皮平放在烤盤上。將冷凍凝乳放入一個乾淨的糕點袋中，該糕點袋配有普通的 1/2 英寸尖端，或另一個剪掉一角的自封袋。將約 2 茶匙擠到每個蛋白酥皮上。輕輕地將剩餘的蛋白酥皮平面朝下壓在凝乳上。當它們坐下時，蛋白酥皮會變得更軟、更有嚼勁。

65. 最好的檸檬棒

製作 2 打（1½×3 英寸）條

對於地殼：

2½ 杯未漂白的通用麵粉

3/4 茶匙粗鹽

1 杯（2支）無鹽黃油，室溫

3/4 杯糖

2 茶匙切碎的檸檬皮碎

1 茶匙香草精用於澆頭：

6 個雞蛋，輕輕打散

2杯糖

¼ 杯加 1 湯匙未漂白的通用麵粉

1 杯鮮榨檸檬汁（4 個中等大小的檸檬）

1 湯匙加 2 茶匙切碎的檸檬皮碎（來自 2 個小檸檬）

½ 杯全脂牛奶

½ 茶匙粗鹽

糖果糖，供食用

○ ○ ○ ○ ○ ○ ○ ○ ○ ○

將烤箱預熱至 350 華氏度。在 9 x 13 英寸的烤盤上鋪上箔紙，並在箔紙上輕輕塗上烹飪噴霧或融化的黃油。

為了製作麵包皮，在一個小碗中，將麵粉和鹽攪拌在一起。使用配有槳葉附件的立式攪拌機或手持式電動攪拌機，中速攪拌黃油和糖，直至顏色變淺且蓬鬆，大約 3 分鐘。加入熱情和香草並混合均勻。降低速度並加入麵粉混合物，用抹刀刮碗的底部和側面幾次。當成分完全混合但仍然易碎時停止混合。不要過度混合，否則外皮將難以在鍋中分佈。

將易碎的麵團倒入準備好的平底鍋中，用手指將其均勻地分佈在底部，輕輕按下，並確保將麵團稍微抬高到平底鍋的兩側，以容納配料。烘烤約 25 分鐘，直至呈烤棕色。

同時，製作配料。在一個大碗中，將雞蛋與糖和麵粉一起攪拌。加入檸檬汁、檸檬皮碎、牛奶和鹽。

餅皮烤好後，將烤箱溫度降至 325 華氏度。再次將配料成分攪拌在一起，然後將配料倒在熱餅皮上。將平底鍋放在烤箱中間，烘烤約 20 分鐘，直至輕觸時感覺頂部變硬。在切割條之前，將平底鍋放在金屬架上冷卻至少 30 分鐘或冷卻至室溫。食用前撒上大量糖粉。

66. 檸檬罌粟籽凍糕配草莓

製作 6 至 8 份

對於蛋白酥皮：

3/4杯超細糖

3個蛋清，室溫

捏粗鹽

1 湯匙罌粟籽

2 杯子 濃奶油

⅔ 杯（½ 配方）檸檬凝乳

2 品脫新鮮草莓，去殼並切成兩半或四等分

3 湯匙糖

2 湯匙鮮榨檸檬汁

3 4片新鮮薄荷葉

將烤箱預熱至 200 華氏度。將糖放入餡餅罐或有邊小平底鍋中，在烤箱中加熱 10 分鐘。在烤盤上鋪上羊皮紙並放在一邊。

製作蛋白酥皮時，將蛋白放入配有攪拌器附件的立式攪拌機的干淨、乾燥的碗中，或可與電動手持式攪拌機一起使用的干淨、乾燥的碗中。（即使碗或蛋白中有一點蛋黃、油或水，它們也不會變硬。）開始以中低速攪拌，當蛋白起泡時加入少許鹽。繼續攪拌約 2 分鐘，或直至蛋白變稠且呈泡沫狀。將速度提高到中高，然後開始慢慢加入溫糖，一次一湯匙。當所有的糖都混合後，將速度調至高速，攪打約 10 分鐘，直至形成堅硬、閃亮的峰。用抹刀輕輕拌入罌粟籽。

將蛋白霜放在準備好的烤盤上，做成 6 個土堆，然後用勺子背面將頂部稍微壓平。將蛋白酥皮烘烤約 1.5 小時，直至變乾變脆。清洗並乾燥攪拌碗並攪拌，然後將其放入冰箱中。

在 9 x 5 x 3 英寸的麵包烤盤上鋪上保鮮膜，在四周留出足夠的懸垂部分，以覆蓋凍糕的頂部，以便更容易將其從烤盤中取出。擱置。

要製作凍糕，請將奶油添加到冷凍攪拌碗中，或使用攪拌器和冷凍的非反應碗。以中速或用手攪打奶油，直至形成軟峰。用抹刀拌入檸檬凝乳，但不要完全混合，直到混合物呈條紋狀。將蛋白酥皮切成大小不等的塊，從大麵包屑到核桃半塊。將它們拌入奶油中，輕輕攪拌使其分佈。將混合物倒入準備好的平底鍋中，用保鮮膜覆蓋頂部，並在食用前冷凍至少 4 小時。

與此同時，在一個中等大小的碗中，將草莓與糖和檸檬汁攪拌，靜置 30 分鐘，或直至形成糖漿。將薄荷葉縱向切成細條，與漿果一起攪拌；應該只有一點點薄荷味，所以盡量減少用量。

食用時，使用懸垂的保鮮膜將凍糕從鍋中取出。將凍糕切成 1 至 1.5 英寸的片，然後將漿果舀在上面。

67. 巧克力檸檬杏仁馬卡龍

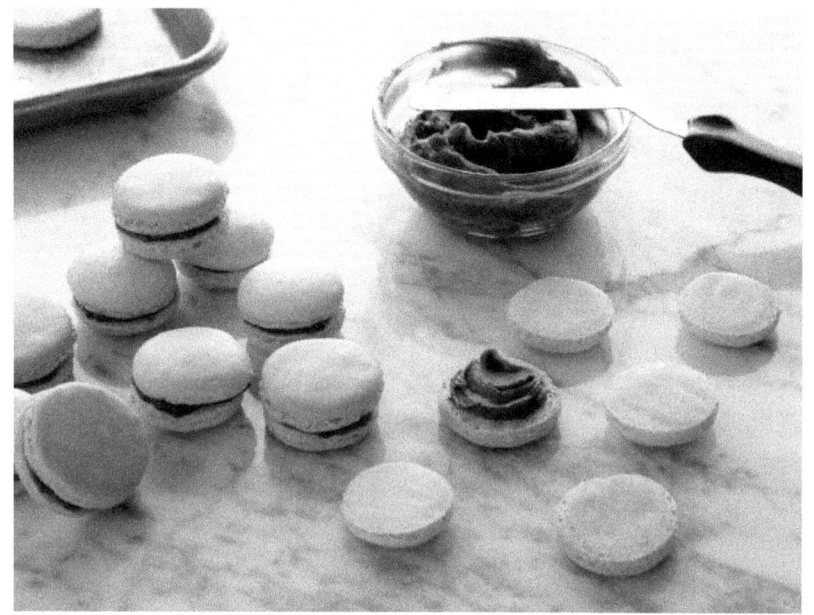

製作 2 打馬卡龍

1½ 杯糖果糖

1⅓杯杏仁粉

1 湯匙 磨碎的檸檬皮碎

4個蛋清，室溫

一小撮塔塔粉

¼ 杯 砂糖

對於填充物：

½ 杯加 2 湯匙濃奶油

2茶匙切碎的檸檬皮碎

捏粗鹽

6 盎司苦樂參半的巧克力，切碎（約 1 杯）

1 湯匙無鹽黃油

2 湯匙鮮榨檸檬汁

在 2 個烤盤上鋪上羊皮紙。在一個中等大小的碗中，將糖粉、麵粉和熱情混合，放在一邊。

在配有攪拌器附件的立式攪拌機的干淨、乾燥的碗中，或可與手持式電動攪拌機一起使用的干淨、乾燥的碗中，中速攪拌蛋白直至起泡。加入塔塔粉，繼續攪拌直至蛋白呈軟峰狀。將速度提高到中高，慢慢加入砂糖，攪拌直至蛋白形成堅實、有光澤的峰。在它們變得僵硬、發亮之前停下來。

將三分之一的麵粉混合物篩在蛋白上，然後用抹刀輕輕地將其拌入。對剩餘的一半麵粉混合物重複上述步驟，混合均勻，然後添加剩餘的麵粉混合物。麵糊應該是鬆散的，但要保持其形狀。

將麵糊舀入裝有 1/2 英寸尖頭的糕點袋或剪掉一角的自封袋中。將袋子垂直於準備好的烤盤，用管道擠出小土堆，直徑約 1 英寸，高 1/4

英寸，間隔 1 英寸。讓麵團靜置 20 分鐘，或直到馬卡龍摸起來不再粘手。同時，將烤箱預熱至 350 華氏度。

將馬卡龍烘烤 12 至 16 分鐘，烘烤過程中將烤盤旋轉一次。它們會膨脹，變得有光澤，並且會輕微掉落。完全烘烤後，它們會乾燥並呈淺棕色。將平底鍋移至架子上，讓餅乾在平底鍋上完全冷卻，同時製作餡料。

製作餡料時，在小平底鍋中用中火將奶油、熱情和鹽加熱至略低於沸點。將巧克力放入一個小碗中，然後將熱奶油倒在上面。靜置幾分鐘使巧克力融化，然後加入黃油並攪拌直至光滑。加入檸檬汁攪拌。

組裝餅乾時，將其中一半翻轉過來。使用抹刀或小刀在每一半上塗抹約 2 茶匙的餡料，使邊緣不被覆蓋。將剩餘的餅乾放在上面，輕輕地壓在一起，使餡料散佈到三明治的邊緣。

68. 檸檬皺紋餅乾

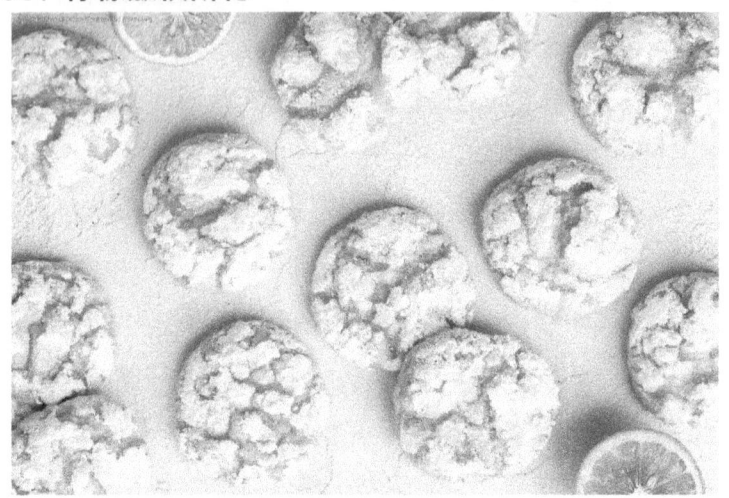

製作 4 打餅乾

$1\frac{1}{2}$ 杯未漂白的通用麵粉

$\frac{1}{4}$ 杯玉米澱粉

$1\frac{1}{2}$ 茶匙泡打粉

$\frac{1}{2}$ 茶匙粗鹽

1 杯砂糖

2 湯匙細磨檸檬皮碎（來自2個中等大小的檸檬）

$\frac{1}{2}$ 杯（1 支）無鹽黃油，室溫

2個蛋

$\frac{1}{4}$ 茶匙檸檬提取物（可選）

$\frac{1}{2}$ 杯糖果糖

在 2 個烤盤上鋪上羊皮紙。在一個小碗中，將麵粉、玉米澱粉、泡打粉

和鹽攪拌在一起。擱置。

在配有槳葉附件的立式攪拌機的碗中，或者與手持式電動攪拌機一起使用的碗中，將糖和熱情混合。用手指將果皮與糖摩擦，直至變得非常芳香。加入黃油並以中速攪拌直至充分混合。使用抹刀刮擦碗的底部和側面，然後將速度提高到中高，攪拌直至黃油和糖顏色淺且蓬鬆。一次添加一個雞蛋，添加之間充分混合。加入檸檬提取物，然後加入乾成分。低速攪拌直至混合，沒有任何粉狀條紋。

將烤箱預熱至 325 華氏度。將糖粉放入淺而寬的碗或餡餅盤中。用湯匙舀起一勺約小櫻桃番茄大小的麵團。雙手撒上糖粉，將麵團揉成球狀，然後將球放入糖中滾動，直至完全覆蓋。將球放在準備好的烤盤上，四周留出 1 英寸的空間。

將餅乾烘烤 5 分鐘，旋轉平底鍋，再烘烤 5 至 7 分鐘。準備好後，餅乾的邊緣會凝固並稍微膨化。中心會變軟，但不會有光澤。將烤盤放在架子上冷卻 15 分鐘，然後將餅乾從平底鍋移到架子上完全冷卻。

69. 檸檬酪乳奶凍配黑莓

8 份

原料

2⅓杯濃奶油

1 杯糖，分開

2 湯匙皮碎，用刨絲器去除（來自2個中等大小的檸檬）

¼ 杯輕包裝的檸檬馬鞭草葉，加上 8 片用於裝飾

1湯匙加1茶匙明膠粉

1⅓杯酪乳

4 杯新鮮黑莓（約 2 品脫）

1湯匙鮮榨檸檬汁

在 8 個（6 盎司）小模子或盤子上輕輕塗上中性風味的油（例如菜籽油），然後放在一邊。

在一個大平底鍋中，用中火將奶油、½杯加 2 湯匙糖、熱情和檸檬馬鞭草混合，攪拌直至糖溶解。將鍋從火上移開，蓋上蓋子，注入奶油 30 分鐘，或直至檸檬味明顯。在一個小碗中，將明膠放入 1 湯匙冷水中軟化約 5 分鐘，然後將其攪拌到溫熱的奶油中。當明膠溶解後，加入酪乳並攪拌均勻。將混合物通過細網篩過濾到帶噴嘴的容器（例如大量杯）中，然後倒入準備好的小模子中。用保鮮膜蓋住它們並冷藏至少 6 小時或過夜直至變硬。

食用前，將剩餘 6 湯匙糖與 1 杯黑莓果泥一起放入攪拌機或食品加工機中。通過細網篩過濾果泥，與剩餘的漿果和檸檬汁混合，添加更多果汁來調味。

食用時，用薄削皮刀在模子兩側劃一圈，或將模子浸入溫水中以鬆開意式奶凍，從而使模子脫模。將一個小盤子或碗放在小模子上，將其翻轉，然後用力搖晃使其鬆動。用勺子將黑莓和醬汁舀到意式奶凍的底部。用檸檬馬鞭草葉裝飾頂部。

檸檬馬鞭草可以在一些農貿市場找到，但很容易在家裡的花盆裡種植。秋天收穫剩餘的葉子，曬乾後製成茶。檸檬百里香和薰衣草是很好的替代品，或者你也可以完全跳過草藥成分。

70. 阿芙佳朵配檸檬酒冰淇淋

6 份

原料

2 杯 濃奶油

3/4 杯全脂牛奶

3/4 杯糖，分開

½ 茶匙粗鹽

1個檸檬果皮

5 蛋黃

¼ 杯 馬斯卡彭奶酪

½ 茶匙香草精

⅓ 杯自製檸檬酒或商店購買的

6 在室溫下喝一杯濃縮咖啡

6 個檸檬片，裝飾用

在一個中等大小的平底鍋中，用中高火將奶油和牛奶與 ½ 杯糖、鹽和檸檬皮一起煮沸。將鍋從火上移開，蓋上蓋子，放置 20 分鐘以進行浸泡。

與此同時，在一個中等大小的非反應性碗中，將蛋黃與剩餘的 1/4 杯糖一起攪拌至光滑，然後放在一邊。

為蛋奶凍準備一個冰浴，將一個大碗裝滿一半的冰和冷水，然後將其放入水槽中。

當奶油混合物注入後，將其放回爐子中，用中火加熱，但不要沸騰。慢慢地將一勺奶油加入蛋黃混合物中，不斷攪拌直至光滑（這稱為調溫蛋黃，這是一種防止蛋黃與熱牛奶混合時凝結的技術）。再重複一次，然後將蛋黃混合物倒回鍋中，用中低火加熱。用木勺或耐熱抹刀不斷攪拌蛋奶凍，攪拌時刮擦底部，直到即時讀數溫度計達到 170 華氏度並覆蓋勺子或抹刀。將鍋從火上移開，加入馬斯卡彭奶酪和香

草精攪拌。將蛋奶凍通過細網篩倒入乾淨的中等大小的碗中。將碗放入準備好的冰浴中冷卻，然後放入冰箱冷藏至完全冷卻，

當蛋奶凍冷時，加入檸檬酒攪拌，然後根據製造商的說明將混合物冷凍在冰淇淋機中。

食用時，將一勺冰淇淋放入雞尾酒調酒器或帶蓋的玻璃罐中。添加一杯濃縮咖啡並劇烈搖晃。倒入雞尾酒杯中，並用檸檬片裝飾。每份重複一次。

71．檸檬焦糖布丁配薰衣草和蜂蜜

6 份

原料

2 杯 濃奶油

2 湯匙蜂蜜

3 湯匙粗切碎的檸檬皮碎（來自3個中等大小的檸檬）

2 湯匙新鮮薰衣草花（或 4 茶匙乾薰衣草花）

$\frac{1}{8}$ 茶匙鹽

3 蛋黃

1 個雞蛋

$\frac{1}{4}$ 杯砂糖，另外添加用於焦糖化的砂糖

1茶匙香草精

將烤箱預熱至 300 華氏度。

在一個厚底鍋中，將奶油、蜂蜜、檸檬皮、薰衣草和鹽混合。將混合物用中火慢慢煮，蓋上蓋子，然後離火。浸泡 10 分鐘並品嚐奶油，以確定檸檬和薰衣草的味道是否平衡且符合您的喜好。當它們成熟時，過濾混合物，丟棄熱情和薰衣草，然後將奶油放回鍋中。如果完全冷卻，用中火加熱奶油直至變熱，但不要沸騰。

同時，在一個中等大小的碗中，將蛋黃和雞蛋與糖一起攪拌直至光滑。慢慢地將一些溫熱的奶油加入蛋黃中，每次大約 ½ 杯，不斷攪拌以防止雞蛋凝結。添加 1 杯奶油後，將調溫後的蛋黃混合物與剩餘的奶油一起倒入鍋中。加入香草精，將混合物濾入另一個容器中，在冰浴中冷卻，以便稍後烘烤，或將其分裝在 6 個（4 盎司）模子或玻璃蛋奶凍杯中。

將盤子放入深烤盤中，並在鍋中倒入足夠的熱水，水量沒過盤子側面的一半。將烤盤放入烤箱，烘烤約 40 分鐘，直至蛋奶凍邊緣凝固，中間稍微搖晃。從烤箱中取出平底鍋，讓蛋奶凍冷卻，然後用保鮮膜覆蓋。存放在冰箱中3小時至過夜，使其完全冷卻。

食用前，在每個蛋奶凍的頂部撒上一層薄薄的、均勻的糖衣。將盤子放在預熱的烤爐下烤 2 至 3 分鐘，或直至糖融化，或使用手持式噴燈將糖焦糖化。

72. 烤椰子檸檬撻

製作一個10英寸的撻
原料
對於地殼：
1¼ 杯未漂白的通用麵粉
½ 杯糖果糖
2湯匙玉米澱粉
¼ 茶匙粗鹽
10 湯匙（1¼ 支）無鹽黃油，冷，切成小塊
¼ 茶匙香草精
對於填充物：
1 杯糖
2湯匙切碎的檸檬皮碎（來自2個中等大小的檸檬）
2湯匙玉米澱粉
½ 茶匙粗鹽
2個蛋
2 蛋黃
1/4 杯（1/2 棒）無鹽黃油，融化並冷卻
3 湯匙鮮榨檸檬汁
1½ 杯輕包裝的不加糖的干椰子片（也稱為椰子片）

為了製作麵包皮，在配有槳葉附件的立式攪拌機的碗中，將麵粉、糖粉、玉米澱粉和鹽混合。一次性加入黃油並低速攪拌，直到成分開始混合在一起形成粘性麵團；這需要一點時間，長達 7 到 10 分鐘。就在麵團看起來準備好形成球之前，加入香草並混合均勻。將麵團團成圓盤狀，用保鮮膜包起來，冷藏約 2 小時直至變硬。

在撒有少許麵粉的表面上，將糕點擀成 12 至 13 英寸的圓圈。將麵團放入10英寸有凹槽的撻盤中，用叉子在麵團上紮滿洞，冷凍30分鐘。當麵團冷凍時，將烤箱預熱至 350 華氏度，並在烤箱底部三分之一處放置一個架子。

將冷凍外皮放在烤盤上，不蓋蓋子烘烤約 15 分鐘。（無需覆蓋餅皮或使用餡餅重量。）旋轉平底鍋，再烘烤 10 分鐘，或直至餅皮呈淺金黃色。將烤盤放在架子上冷卻麵包皮，並將烤箱溫度降至 325 華氏度。

當外殼冷卻時，製作餡料。在一個中等大小的碗中，將糖和熱情混合，用手指將兩者摩擦在一起，直到糖散發出香味。加入玉米澱粉和鹽攪拌。在一個單獨的小碗中，攪拌雞蛋和蛋黃，然後加入黃油和檸檬汁。將雞蛋和黃油混合物攪入糖混合物中，用力攪拌混合。拌入椰子。將混合物倒入冷卻的外殼中。在底架上烘烤 20 分鐘，旋轉平底鍋並留意椰子；如果顏色變得太暗，請用一塊鋁箔鬆散地覆蓋頂部。再烘烤 20 分鐘，或者直到餡料在邊緣凝固，並且在中心稍微搖晃。食用前冷卻至室溫。

73. 梅耶檸檬橘子橄欖油蛋糕

製作一個 10 英寸的蛋糕

原料

3½ 杯 糖，分開

2 個邁耶檸檬，最好是有機的

2個小橘子

1⅔杯未漂白的通用麵粉

1 杯玉米粥或中等研磨的玉米粉

1湯匙泡打粉

½ 茶匙粗鹽

4個雞蛋

⅔ 杯 特級初榨橄欖油

微甜的生奶油，供食用

在一個中等大小的平底鍋中，將 2 杯糖和 2 杯水混合。用中高溫將混合物煮沸。糖溶解後加入檸檬和橘子。（水果應淹沒三分之二的簡單醣漿。如果沒有，請加更多的水。）將火調至小火，蓋上鍋蓋，輕輕煮水果，直至它們非常嫩，20 至30分鐘。將它們轉移到盤子上冷卻。將烤箱預熱至 350 華氏度，並在 10 英寸蛋糕盤上塗上少許油。在底部鋪上羊皮紙並放在一邊。

當水果冷卻後，切掉它們的末端，然後切成四等分。去除所有種子或大塊膜，將果肉添加到食品加工機的碗中，然後加工直至相當光滑。您應該有大約 1¼ 杯果泥。擱置。

在一個小碗中，將麵粉、玉米粥、泡打粉和鹽攪拌在一起，放在一邊。將雞蛋放入裝有攪拌器附件的立式攪拌機的碗中，或使用手持式電動攪拌機高速攪拌雞蛋，直至雞蛋起泡沫且顏色變淺，大約 2 分鐘。在攪拌機運轉的情況下，慢慢加入剩餘的 1.5 杯糖，繼續高速攪拌，直至混合物變稠並呈乳白色，大約需要 4 分鐘。將速度降至中速並淋上油。加入水果泥並混合均勻。取出攪拌碗，拌入三分之一的麵粉混合物。當麵糊變得光滑時，加入剩下的麵粉。將麵糊倒入準備好的平底鍋中，用抹刀抹平頂部。

烘烤50至60分鐘，直至蛋糕呈深金黃色，並在中間輕輕按壓後彈回。將其放在架子上冷卻 15 分鐘，然後將其從鍋中取出。讓它完全冷卻，然後切片並與一團微甜的生奶油一起食用。

74．檸檬酥皮——開心果派

製作 1 個（10 英寸）餡餅；供 8 至 10 人食用

原料

- 1 份開心果脆餅
- 15 克 白巧克力，融化 [½ 盎司]
- ¼ 份檸檬凝乳 [305 克（1⅓杯）]
- 200 克 糖 [1 杯]
- 100 克水 [½ 杯]
- 3個蛋清
- ⅓ 份檸檬凝乳 [155 克（¼ 杯）]

路線

a) 將開心果脆餅倒入 10 英寸的餡餅罐中。用手指和手掌將酥餅用力壓入餡餅罐中，確保底部和側面均勻覆蓋。做餡料的時候放在一邊；用塑料包裹外皮，可以冷藏最多 2 週。

b) 使用糕點刷在餅皮的底部和側面塗上一層薄薄的白巧克力。將外殼放入冰箱 10 分鐘以使巧克力凝固。

c) 將 305 克（1⅓杯）檸檬凝乳放入小碗中，攪拌使其稍微鬆散。將檸檬凝乳刮成外皮，然後用勺子或抹刀的背面將其均勻地鋪成一層。將派放入冰箱約 10 分鐘，以幫助檸檬凝乳層凝固。

d) 與此同時，將糖和水放入一個小厚底平底鍋中，輕輕地將糖倒入水中，直到感覺像濕沙子。將平底鍋置於中火上，將混合物加熱至 115°C (239°F)，用即時讀數溫度計或糖果溫度計記錄溫度。

e) 當糖加熱時，將蛋白放入立式攪拌機的碗中，然後用攪拌器附件開始將其攪打至中等柔軟的峰狀。

f) 一旦糖漿達到 115°C (239°F)，將其從火上移開，小心地將其倒入攪打蛋清中，確保避免攪拌：在執行此操作之前，將攪拌機的速度降至非常低的速度，除非你想在臉上留下一些有趣的燒傷痕跡。

g) 將所有糖成功添加到蛋白中後，將攪拌機速度調回，讓蛋白酥皮攪打直至冷卻至室溫。

h) 攪打蛋白酥皮時，將 155 克（1/4 杯）檸檬凝乳放入一個大碗中，用抹刀攪拌，使其稍微鬆散。

i) 當蛋白霜冷卻至室溫後，關閉攪拌機，取出碗，用抹刀將蛋白霜拌入檸檬凝乳中，直至不留白色條紋，小心不要讓蛋白霜洩氣。

j) 將餡餅從冰箱中取出，將檸檬酥皮舀到檸檬凝乳上。用勺子將蛋白酥皮均勻地舖開，完全覆蓋檸檬凝乳。

k) 食用或將餡餅存放在冰箱中直至準備使用。冷凍後用保鮮膜緊緊包裹，可在冰箱中保存長達 3 週。讓餡餅在冰箱中解凍過夜，或在室溫下解凍至少 3 小時，然後再食用。

75. 開心果夾心蛋糕

可製作 1 層（6 英寸）蛋糕，高 5 至 6 英寸；服務 6 至 8 人

原料

- 1 份開心果蛋糕
- 65 克 開心果油 [⅓杯]
- 1 份檸檬凝乳
- ½ 份牛奶碎屑
- 1 份開心果糖霜

路線

a) 將一張羊皮紙或一張 Silpat 放在櫃檯上。將蛋糕翻轉到其上，然後從蛋糕底部剝下羊皮紙或 Silpat。使用蛋糕環在蛋糕上沖壓出 2 個圓圈。這是最上面的兩層蛋糕。剩餘的蛋糕"廢料"將聚集在一起製成蛋糕的底層。

第 1 層，底部

b) 清潔蛋糕圈並將其放在襯有乾淨羊皮紙或 Silpat 的烤盤中央。使用 1 條醋酸纖維在蛋糕環的內部劃線。

c) 將蛋糕碎片放入環內，然後用手背將碎片壓在一起，形成平坦均勻的層。

d) 將糕點刷浸入開心果油中，然後用一半的油對蛋糕層進行良好、健康的沐浴。

e) 用勺子背面將一半檸檬凝乳均勻地鋪在蛋糕上。

f) 將三分之一的牛奶碎屑均勻地撒在檸檬凝乳上。用手背將它們固定到位。

g) 用勺子背面將三分之一的開心果糖霜盡可能均勻地塗在麵包屑上。

第 2 層，中間

h) 用食指輕輕地將第二條醋酸纖維塞到蛋糕環和第一條醋酸纖維頂部 1/4 英寸之間，這樣你就有了一個 5 到 6 英寸高的透明醋酸纖維環，高度足以支撐蛋糕圈。成品蛋糕的高度。將圓形蛋糕放在糖霜上，並對第 1 層重複該過程。

第 3 層，頂部

i) 將剩餘的蛋糕放入糖霜中。用剩餘的糖霜覆蓋蛋糕的頂部。賦予它體積和漩渦，或者像我們一樣選擇完美的平頂。用剩餘的牛奶屑裝飾糖霜。

j) 將平底鍋轉移至冰箱並冷凍至少 12 小時以使蛋糕和餡料凝固。蛋糕可在冰箱中保存長達 2 週。

k) 在準備享用蛋糕之前至少 3 小時，將平底鍋從冰箱中取出，然後用手指和拇指將蛋糕從蛋糕環中彈出。輕輕地剝去醋酸鹽，然後將蛋糕轉移到淺盤或蛋糕架上。

   讓它在冰箱中解凍至少 3 小時。

76. 朝鮮薊撻

份量：8份

原料

- 1 個盲烤餡餅皮，放入 10 個凹槽中；d
- 1 個 撻盤
- 2湯匙橄欖油
- 1盎司薄肉；切絲
- $\frac{1}{2}$ 杯切碎的洋蔥
- 2湯匙切碎的青蔥
- 6盎司洋薊心切絲
- 1 湯匙 蒜末
- $\frac{1}{4}$ 杯濃奶油 -；（至 1/2 杯）
- 3湯匙新鮮羅勒雪紡蛋糕
- 1 個檸檬汁
- $\frac{1}{2}$ 杯磨碎的帕爾馬干酪
- $\frac{1}{2}$ 杯磨碎的阿夏戈奶酪
- 1鹽；去嚐嚐
- 1個現磨黑胡椒；去嚐嚐
- 1杯香草番茄醬；溫暖的
- 1湯匙雪紡羅勒
- 2湯匙磨碎的帕爾馬干酪

路線

a) 將烤箱預熱至 350 度。在炒鍋中，加熱橄欖油。

b) 將薄肉炒 1 分鐘。加入洋蔥和青蔥，炒2至3分鐘。加入心和大蒜，繼續炒 2 分鐘。添加奶油。用鹽和胡椒調味。加入羅勒和檸檬汁。從火上移開並冷卻。將洋薊混合物鋪在撻盤底部。將奶酪撒在混合物上。烘烤 15 至 20 分鐘或直至奶酪融化並呈金黃色。將一池醬汁舀到盤子中央。將一片餡餅放在醬汁的中央。

c) 用磨碎的奶酪和羅勒裝飾。

77. 藍莓酪乳撻

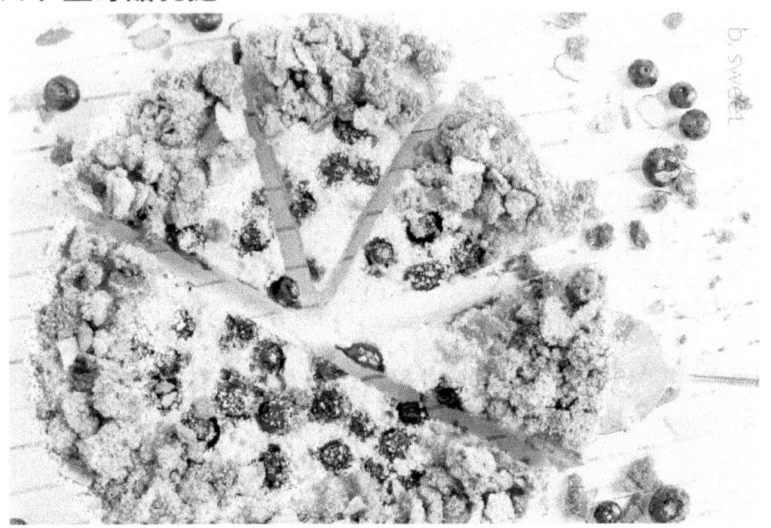

份量：1 份

原料

殼

- 1½ 杯 通用麵粉
- ¼ 杯 糖
- 1/4 茶匙 鹽
- 1/4磅冷黃油；切塊
- 1個大雞蛋; 擊敗與
- 2湯匙冰水
- 生米; 用於稱重外殼

酪乳餡

- 1 杯酪乳
- 3個大蛋黃
- ½ 杯 糖
- 1湯匙檸檬皮碎；爐排
- 1湯匙新鮮檸檬汁
- ½ 粘上無鹽黃油；融化，冷卻 1 茶匙香草精
- ½ 茶匙 鹽
- 2湯匙通用麵粉
- 2杯藍莓；挑選
- 糖果廠的糖

路線

殼

f) 在一個碗中，將麵粉、糖和鹽攪拌在一起。加入黃油並攪拌直至混合物類似於粗粉。加入蛋黃混合物，攪拌直至液體混合，然後將麵團製成圓盤。在麵團上撒上麵粉，用保鮮膜包裹，冷藏 1 小時。在撒了麵粉的表面上將麵團擀成 $\frac{1}{8}$ 英寸厚，然後放入帶有可拆卸凹槽邊緣的 10 英寸撻盤中。

g) 將殼冷藏至少 30 分鐘，或蓋上蓋子過夜。
將烤箱預熱至350~。在外殼上鋪上箔紙，然後填入米飯。將外殼放入烤箱中間烘烤 25 分鐘。小心地取下箔紙和米飯，然後再將外殼烘烤 5 分鐘，或直至呈淺金黃色。將殼放在架子上的平底鍋中冷卻。

填充

h) 在攪拌機或加工機中將填充成分混合在一起直至光滑。將藍莓均勻地鋪在殼底部。將酪乳餡料倒在藍莓上，然後在烤箱中間烘烤 30 至 35 分鐘或直至凝固。

i) 取下平底鍋邊緣，將餡餅放在架子上的平底鍋中完全冷卻。將糖粉篩在餡餅上，在室溫下食用或與藍莓冰淇淋一起冷藏。

78．小米雞肉希臘沙拉

原料

給沙拉用的

30 毫升（2 湯匙）植物油或橄欖油 80 克（1/2 杯）切碎的洋蔥

1 個紅甜椒，去核，去籽，切碎

175 克（1 杯）小米，沖洗乾淨並瀝乾 1/2 茶匙粗鹽或細海鹽

1/2 茶匙現磨黑胡椒 1 茶匙幹牛至 1 杯（235 毫升）水

180 毫升（3/4 杯）雞湯或水

60 克（11/2 杯）嫩菠菜葉，沖洗乾淨，搖勻

1 小黃瓜，去皮並切碎

35 克（1/3 杯）切碎的橄欖，最好是卡拉馬塔橄欖

50 克（1/3 杯），切成四等分的櫻桃番茄

1/2 個小紅洋蔥，切成薄片

210 克（11/2 杯）煮熟的雞肉，在室溫下切成小塊或切絲

用於敷料

80 毫升（1/3 杯）特級初榨橄欖油

2 湯匙（30 毫升）鮮榨檸檬汁

1 2 湯匙（15 至 30 毫升）紅酒醋，適量

1/2 茶匙粗鹽或細海鹽

1/4 茶匙現磨黑胡椒

打頂用

2 6 克（湯匙）切碎的新鮮歐芹

38 克（1/4 杯）碎羊奶酪（可選）

方法

1.   按 Sauté 並加熱電壓力鍋內鍋中的植物油。當它閃爍時，加入切碎的洋蔥和甜椒，攪拌煮 4 分鐘，或直到洋蔥稍微軟化。添加小米。撒上鹽、胡椒和牛至，然後倒入水和高湯，攪拌以確保沒有東西粘在鍋底。按取消。

2.   關閉並鎖上蓋子，確保蒸汽釋放手柄處於密封位置。高壓煮9分鐘。完成後自然釋放壓力

8 分鐘，然後將蒸汽釋放手柄轉到排氣位置，釋放剩餘的蒸汽。打開蓋子並小心打開。

3.   取下蓋子，用叉子耙掉穀物，然後轉移到一個大碗中。將菠菜放入碗中，與小米攪拌，讓蒸汽使蔬菜枯萎。放在一邊冷卻至室溫，偶爾用叉子攪拌，以防止小米結塊。冷卻後，加入黃瓜、橄欖、西紅柿、紅洋蔥和雞肉。

份量：約4份

79. 藜麥蔬菜沙拉配檸檬油醋汁

原料

對於藜麥

1 杯蔬菜高湯或水 1/4 杯（60 毫升）水

175 克（1 杯）藜麥，充分沖洗並瀝乾

1 茶匙粗鹽或細海鹽 用於檸檬油醋汁

2 湯匙（30 毫升）鮮榨檸檬汁 1/4 杯（60 毫升）特級初榨橄欖
   油 1 茶匙蜂蜜（或適量）

1/2 茶匙新鮮百里香葉 1/4 茶匙粗鹽或細海鹽

1/8 茶匙 現磨黑胡椒

對於蔬菜

1 湯匙（15 毫升）橄欖油或植物油

2 大胡蘿蔔，修剪並切碎

2 莖芹菜，修剪並切碎

1 大紅甜椒，去核，去籽，切碎

2 20 克（湯匙）紅洋蔥碎

150 g（1 杯）聖女果，切成四份

1 中等大小的黃瓜，去皮，去籽，切碎

2 蔥，修剪並切成薄片

1 克（2 茶匙）新鮮百里香葉

方法

藜麥

將高湯、水、藜麥和鹽放入電壓力鍋的內鍋中。攪拌並蓋上鍋蓋。鎖上蓋子，確保蒸汽釋放手柄處於密封位置。高壓煮4分鐘。藜麥煮完後，讓壓力自然釋放 12 分鐘，然後將蒸汽釋放手柄轉到排氣位置，釋放剩餘的蒸汽。打開蓋子並小心打開。

將藜麥轉移到碗中並放在一邊。把鍋擦乾淨，然後放回高壓鍋。

油醋汁

煮藜麥的同時，製作油醋汁。在蓋緊蓋子的碗或罐子中，將調味料攪拌在一起直至乳化。如果使用罐子，您可以用力搖晃以混合。根據需要品嚐並調整調味料。

蔬菜

按炒香並加熱內鍋中的油。加入胡蘿蔔、芹菜、甜椒和洋蔥，經常攪拌，直到洋蔥變軟，大約需要 3 分鐘。按取消。

將炒蔬菜加入煮熟的藜麥中。拌入西紅柿、黃瓜和蔥。將百里香撒在上面。在沙拉上加入約 3 湯匙（45 毫升）油醋汁，攪拌均勻，讓穀物和蔬菜裹上一層油醋汁。品嚐並調整調味料，如果需要的話可以添加更多醋汁。

將沙拉放入冰箱冷藏直至可以食用。當它靜止時，味道會混合在一起。上菜前再次攪拌。可以在涼爽或室溫下飲用。

80. 藏紅花燴飯

原料

1/2 茶匙藏紅花絲

45 毫升（3 湯匙）沸水

1 湯匙（15 毫升）橄欖油或植物油 1/2 個中等大小的洋蔥，切碎

1 蒜瓣，切碎

285 克（11/2 杯）Arborio 或 Carnaroli 大米（請勿替換為其他類型的大米）

2 湯匙（30 毫升）幹白葡萄酒（可選）

415 毫升（13/4 杯）水

470 毫升（2 杯）蔬菜高湯，分開

1/2 茶匙粗鹽或細海鹽

1/4 茶匙現磨黑胡椒

28 克（2 湯匙）無鹽黃油或無乳製品/純素替代品，例如 Earth Balance

1茶匙新鮮磨碎的檸檬皮（可選）

150 g（1 杯）冷凍豌豆

磨碎的帕爾馬干酪（可選，不含乳製品和純素食者可省略）

方向

在一個小碗中，將藏紅花浸泡在熱水中。

按 Sauté 加熱高壓鍋的內鍋。

加入油並加熱直至閃爍，然後加入洋蔥和大蒜。煮約 4 分鐘，經常攪拌，直到洋蔥稍微軟化。加入米飯並攪拌，使所有穀物都沾上油。倒入酒煮至吸收。加入水、11/2 杯（355 毫升）高湯、藏紅花和浸泡水，以及鹽和胡椒。攪拌以確保鍋底沒有粘上褐色的碎片。按取消。

關閉並鎖上蓋子，確保手柄處於密封位置。高壓煮 4 分鐘。完成後自然洩壓8分鐘，然後將旋鈕旋至排氣位置，快速釋放剩餘壓力。打開蓋子並小心打開。

將米飯攪拌至光滑且所有液體都已混合。加入黃油攪拌直至融化，米飯呈奶油狀。加入檸檬皮和豌豆。蓋上蓋子，讓豌豆蒸 3 分鐘。如果需要的話，品嚐並用更多的鹽或胡椒調整調味料。攪拌米飯，使豌豆均勻分佈。如果您想要更細膩、更鬆散的質地，請攪拌剩餘的 1/2 杯（120 毫升）高湯。

用勺子舀入碗中，如果需要的話，在每個碗中撒上一點帕爾馬干酪，然後食用。

份量：4份

81. 檸檬奶油醬蝦意大利面

原料

對於麵食

- **340** 克（**12** 盎司）通心粉
- **1** 茶匙粗鹽或細海鹽橄欖油，用於攪拌

對於蝦

- **1** 湯匙（**15** 毫升）橄欖油或植物油
- **1** 個中等大小的蔥，切碎
- **680** 克（**11/2** 磅）生中號蝦，去皮、去腸
- **1/2** 茶匙新鮮蒔蘿碎
- 猶太潔食或細海鹽和現磨黑胡椒，品嚐

檸檬奶油醬

- **42** 克（**3** 湯匙）無鹽黃油
- **355** 毫升（**11/2** 杯）濃奶油或淡奶
- **11/2** 瓣大蒜，去皮
- **10** 毫升（**2** 茶匙）鮮榨檸檬汁
- **4** 克（**2** 茶匙）細磨檸檬皮碎
- **125** 克（**11/4** 杯）磨碎的帕爾馬干酪，分成兩份 囗 鹽和現磨黑胡椒粉，適量
- 切碎的新鮮意大利歐芹或細香蔥，用於裝飾

方法

意大利面

1. 　　將意大利面放入高壓鍋的內鍋中。倒入足夠的水，覆蓋意大利面 **1** 英寸（**2.5** 厘米）。攪拌意大利面，確保它不會粘在鍋底。在水中撒鹽。關閉並鎖上蓋子，確保蒸汽釋放手柄處於密封位置。高壓煮2分鐘。

2. 完成後，自然釋放壓力3分鐘，然後將蒸汽釋放手柄旋轉到密封和排氣位置之間的中間位置進行控制釋放。用熱墊保護您的手。當所有蒸汽釋放後，按取消。打開蓋子並小心打開。將意大利面倒入漏勺中，瀝乾水分，並撒上少許油，以防止意大利面粘在一起。擦乾淨內鍋。

蝦

1. 按炒並加熱內鍋。加入油，熱時加入蔥攪拌。煮約 1 分鐘，直到開始上色。加入蝦和蒔蘿，攪拌均勻，塗上油。煮時經常攪拌，直到蝦變得不透明併兩面變成粉紅色，每面 1 到 2 分鐘，直到熟透。輕輕撒上鹽和胡椒。用漏勺將蝦從鍋中舀出，加入意大利面中；蓋住以保暖。

檸檬奶油醬

1. 將黃油加入內鍋中，加熱直至完全融化。加入奶油、大蒜、檸檬汁和果皮碎攪拌。煮至溫熱，經常攪拌以避免燒焦。丟棄大蒜。加入 1 杯（100 克）帕爾馬干酪，攪拌至光滑。按取消。如果需要的話，品嚐並用鹽和胡椒調整調味料。

2. 將意大利面和蝦加入醬汁中，攪拌均勻，使每塊都均勻覆蓋。蓋上蓋子，靜置幾分鐘，或直到意大利面和蝦被加熱。如果醬汁太稠，加一點水。

3. 食用時，將意大利面和蝦舀入碗中，並在每份的頂部撒上 1 湯匙（6 克）剩餘的帕爾馬干酪和少許歐芹。趁熱食用。

份量：4份

82. 經典烤全雞

原料

1 只（3 至 5 磅，或 1362 至 2270 克）整隻雞

18 克（1 湯匙）鹽，分開

1 個檸檬，切成兩半

1 洋蔥，切成四等分

2 4 克（茶匙）現磨胡椒粉

4 克（2 茶匙）辣椒粉

1茶匙干百里香

235 毫升（1 杯）水

油或融化的無鹽黃油（可選，使皮膚酥脆）

方法

1.　　從雞腔中取出所有內臟或其他內臟。用紙巾拍幹。在雞肉內撒上 1 茶匙（6 克）鹽。將切好的檸檬片和洋蔥片放入雞腔內。將剩餘的 2 茶匙（12 克）鹽、胡椒粉、辣椒粉和百里香均勻地撒在雞肉上。

2.　　將三腳架放入電壓力鍋的內鍋中，然後加水。將調味過的雞肉放在三腳架上，雞胸朝上。

3.　　關閉並鎖上蓋子，確保蒸汽釋放旋鈕處於密封位置。每磅（454 克）高壓烹煮 6 分鐘。

3 磅（1.4 千克）雞肉 = 18 分鐘

4 磅（1.8 千克）雞肉 = 24 分鐘

5 磅（2.3 千克）雞肉 = 30 分鐘

如果您的雞肉重量介於兩者之間，則每半磅（227 克）增加 3 分鐘。

例如：一隻 41/2 磅（2 公斤）的雞在高壓下相當於 27 分鐘。

4.　　烹飪時間結束後，自然釋放 20 分鐘，然後將壓力釋放旋鈕移至排氣位置，釋放剩餘的蒸汽。

當浮子銷落下時，解鎖蓋子並小心打開。

5.　　如果您喜歡脆皮雞皮，請將其從鍋中取出後，轉移到襯有箔紙的烤盤上。刷上油或融化的黃油，放在烤爐下烤 2 到 4 分鐘。

份量：4份

83．蝦粗玉米粉

原料

對於蝦

- 454 克（1 磅）蝦，去皮、去腸
- 3 克（1 湯匙）Old Bay 調味料（Old Bay 不含麩質）
- 3 片熏培根，切丁（Applegate 農場有培根）
- 1 個中等大小的黃洋蔥，切碎
- 1 個紅色或綠色甜椒，去核、去籽並切碎
- 3 瓣大蒜，切碎
- 120 毫升（1/2 杯）雞湯
- 1 罐（14.5 盎司，或 406 克）番茄丁
- 30 毫升（2 湯匙）鮮榨檸檬汁
- 1/2 茶匙塔巴斯科辣醬或辣醬，調味 1/2 茶匙鹽
- 1/2 茶匙新鮮黑胡椒 1/4 杯（60 毫升）濃奶油
- 25 克（1/4 杯）蔥薄片，僅綠色部分

對於粗粒

- 105 克（3/4 杯）粗粒（例如 Bob's Red Mill 粗玉米粒）
- 11/2 杯（355 毫升）全脂牛奶 11/2 杯（355 毫升）水 1/2 茶匙鹽
- 1/2 茶匙 新鮮黑胡椒
- 28 克（2 湯匙）無鹽黃油

方法

蝦

1. 將蝦拍幹，撒上老海灣調味料，放在一邊。

2. 按電壓力鍋上的 Sauté 鍵。當內鍋熱時，加入培根丁，煮3至5分鐘至脆。將培根轉移到舖有紙巾的盤子上，但將培根滴在鍋中。將

洋蔥和甜椒放入鍋中，煮 2 至 3 分鐘，直至洋蔥變軟且半透明。加入大蒜，再煮 30 秒，直至散發出香味。

3.　　將雞湯加入鍋中，充分攪拌以釋放底部的褐色碎片。加入西紅柿及其汁液、檸檬汁、辣醬、鹽和胡椒。攪拌混合。按取消。

4.　　將三腳架放入鍋中。確保三腳架的底部位於醬汁上方。

粗玉米粉

1.　　在一個適合高壓鍋的中號玻璃或不銹鋼碗中，將粗燕麥粉、牛奶、水、鹽和胡椒攪拌在一起。用鋁箔蓋住碗，捲邊密封。使用鋁箔吊帶，小心地將碗放在內鍋內的三腳架上。

2.　　關閉並鎖上蓋子，確保蒸汽釋放手柄處於密封位置。高壓煮10分鐘。讓壓力自然釋放 15 分鐘，然後將旋鈕轉到排氣位置，釋放任何剩餘的蒸汽。當浮子銷落下時，解鎖蓋子並小心打開。取出盛有粗玉米粉的碗，放在一邊。

3.　　用鉗子從鍋中取出三腳架。將調味好的蝦加入鍋中。再次蓋上並鎖緊蓋子，讓蝦在餘熱中完成烹飪，

6到8分鐘。

4.　　煮蝦的同時，將黃油加入粗燕麥粉中，攪拌直至黃油完全融化，混合物呈奶油狀。

5.　　打開高壓鍋，輕輕攪拌蝦。按取消。按炒，然後將奶油攪拌到蝦混合物中。加熱直至熱透，不斷攪拌。不要將醬汁煮沸。

6.　　將粗玉米粉舀入單獨的菜餚中，然後在上面放上蝦和醬汁。用蔥和保留的培根裝飾。

份量：4份

飲料

84. 玫瑰天竺葵檸檬水

製作不足夸脫的糖漿即可產出 2 至 24 夸脫的檸檬水

8 個中等大小的檸檬

½ 杯輕包裝的玫瑰天竺葵葉（7 至 10 個小葉子）

2杯超細糖

玫瑰天竺葵花，裝飾用

方向

使用蔬菜削皮器，將檸檬皮切成寬條，保留檸檬。將條帶放入裝有玫瑰天竺葵葉子的 2 夸脫罐子或非反應性帶蓋水罐中。加入糖，然後用攪拌器或木勺背面將果皮和葉子與糖一起搗碎，以釋放精油。當果皮塗上糖時，蓋上罐子並在室溫下放置過夜。第二天，糖會變濕，並且內容物會位於罐子中稍低的位置。將保留的檸檬榨汁；你應該喝大約 2 杯果汁。如果你有點矮，請添加足夠的水來製作 2 杯。將果汁加入糖和果皮中，蓋上蓋子，用力搖動罐子，使糖溶解，然後與檸檬汁混合。嚐嚐糖漿。玫瑰天竺葵的味道應該是微妙的。如果您願意，可以將糖漿通過細網篩過濾到干淨的罐子中，然後存放在冰箱中。（為了增加風味，請再加幾片葉子，然後將罐子在冰箱中放置過夜，然後過濾糖漿。）

製作檸檬水時，將等量的糖漿和水倒入高腳玻璃杯中。喝一口並添加更多的水或糖漿來調味。加冰享用，飾以幾朵鮮花。

玫瑰天竺葵是一種老式風味，非常適合檸檬水。除非您自己種植或有可靠的來源，否則可能很難找到。大多數苗圃都會種植有香味的天竺葵，或者您也可以添加不同的草藥——薰衣草、羅勒、檸檬馬鞭草和迷迭香是其他最受歡迎的植物。

85. 草莓檸檬水配羅勒

製作約 2.5 夸脫 AGUA FRESCA

1 個檸檬

½ 杯糖

4 杯成熟的草莓，去蒂並切成兩半（約 1 磅）

1 杯輕包裝的新鮮羅勒葉

方向

使用蔬菜削皮器去除檸檬皮，然後將檸檬皮與糖一起放入一個大的非反應性水罐或 4 夸脫罐中。使用攪拌器或木勺背面，將果皮與糖一起搗碎，以釋放精油。擱置。

修剪檸檬的花朵和莖端，去除足夠的果皮以露出果肉。用鋒利的削皮刀切掉白色的髓，將果肉切成小塊，邊切邊去除種子。

將檸檬果肉、草莓和羅勒葉放入攪拌機中，加入足夠的水（約 ½ 杯）以打散混合物。用細網篩將果皮和糖濾入水罐中，加入至少與果泥一樣多的冷水，從 5 杯開始。將液體與糖攪拌直至溶解，嚐嚐味道，然後添加更多的糖和水來調味。阿瓜弗雷斯卡應該清淡、清爽、幾乎不甜。與碎冰一起食用。

86. 檸檬薄荷 limonina

製作 1 份

1 杯糖

1英寸生薑，去皮並粗磨碎

2 小檸檬

⅓ 杯包裝新鮮薄荷葉

1½ 杯碎冰或約 7 個冰塊

方向

在一個小平底鍋中，將糖與 1 杯水混合。用中高溫將混合物煮沸，偶爾攪拌。當糖溶解後，加入生薑並將鍋從火上移開。將生薑留在簡單的糖漿中，讓其完全冷卻。如果您只製作 1 或 2 檸檬汁，則會剩下糖漿。用它來使熱茶或冷茶變甜，或者添加到蘇打水或檸檬水中。它將保存幾個星期。

同時，修剪檸檬的花朵和莖端，去除足夠的果皮以露出果肉。使用鋒利的削皮刀，切掉果皮和白色的髓。將果皮放在一邊以備其他用途。將果肉切成小塊，邊切邊去除種子。

將檸檬果肉與薄荷、½ 杯薑糖漿、一些磨碎的薑和冰一起放入攪拌機中。攪拌直至變成泥狀，必要時加水，用吸管喝這種飲料。

87. 自製檸檬酒

製作約 8 杯檸檬酒

10 個檸檬，最好是有機檸檬

1 瓶（750 毫升）100 度伏特加

3杯糖

方向

使用蔬菜削皮器，將檸檬的果皮切成寬條，切掉果皮上殘留的髓。將水果放在一邊以備其他用途。將果皮放入一個大的非反應容器中，然後將一瓶伏特加倒在上面。用保鮮膜蓋住容器，然後將其存放在陰涼、黑暗的地方，只要您能等待，就可以存放很長時間，至少 2 週，最好是 4 週。

在一個中等大小的平底鍋中，將 4 杯水和糖一起煮沸，不斷攪拌直至糖溶解。將鍋從火上移開並完全冷卻。將糖漿加入伏特加中，蓋上蓋子，讓檸檬酒靜置 24 小時。將混合物濾入乾淨的 2 夸脫帶蓋罐子中，並丟棄檸檬皮。存放在冰箱中。

變化：對於奶油檸檬酒，可在檸檬皮和伏特加中添加香草豆，切碎並刮碎。2 週（或 4 週）結束時，將 8 杯全脂牛奶和 5 杯糖一起煮沸。煮5分鐘，直到糖溶解，離火，完全冷卻。將乳狀糖漿添加到伏特加中，然後將其濾入透明的瓶子或罐子中。存放在冰箱中。

88.成人檸檬棒

製作 1 份

2 盎司 自製檸檬酒或商店購買

2 盎司杜松子酒

1盎司鮮榨檸檬汁

5片大的新鮮薄荷葉

檸檬片，裝飾用

蘇打水或蘇打水（可選）

方向

在雞尾酒調酒器或有蓋玻璃罐中加入冰塊。加入檸檬酒、杜松子酒、檸檬汁和薄荷葉。劇烈搖晃直至完全冷卻。過濾後倒入飾有檸檬汁的馬提尼酒杯中，或裝滿冰塊的高球杯中，最後加入蘇打水。

89. 綠檸檬汁

製作 2 份

1 檸檬，切成四等分

2 青蘋果，例如 Newtown Pippin 或 Granny Smith

2 杯羽衣甘藍或菠菜葉

1英寸旋鈕姜，去皮

方向

從檸檬塊中去除任何可見的種子，然後將蘋果（未去皮和去核）切成適合榨汁機進料槽的碎片。放入檸檬，然後放入蘋果和羽衣甘藍。最後把生薑送過去，立即享用。

90.檸檬迷迭香大麥水

製作 2 夸脫大麥水

1 杯 珍珠薏仁，沖洗乾淨

4 個檸檬，用蔬菜削皮器去皮，榨汁，分開

1杯超細糖

4 枝新鮮迷迭香

方向

在一個大平底鍋中，將大麥、2 夸脫冷水和一半檸檬皮混合。蓋上蓋子並用大火煮沸。將火調至小火，蓋上部分蓋子，繼續煮 30 分鐘，或直至大麥變軟但不糊狀。

與此同時，將剩餘的果皮和糖放入一個大廣口罐或非反應性水罐中，然後使用攪拌器或木勺背面，將果皮與糖一起搗碎，以釋放精油。

大麥煮熟後，將大麥水濾入罐子中，然後加入迷迭香。攪拌直至糖溶解，偶爾品嚐以衡量迷迭香味道的強度。當你覺得味道不錯時，就把小枝去掉。加入2個或更多檸檬汁並冷藏。將果皮留在罐子中以增加風味。

調味品

91. 蜜餞檸檬

製作 6 個醃製檸檬，切成八份

1打小檸檬（約3磅）

1 杯粗海鹽

特級初榨橄欖油

方向

在 1 夸脫的罐頭罐中裝滿沸水。讓水靜置 1 分鐘；將罐子瀝乾並將其倒置在乾淨的毛巾上晾乾。切掉並丟棄 6 個檸檬的莖和花端，然後將它們縱向切成八分之一。將楔子放入不反應的碗中。將剩餘的檸檬榨汁；你最終應該得到大約 1 杯果汁。將果汁放在一邊。

將鹽加入碗中，然後將檸檬片攪拌均勻，然後將其裝入罐子中。當你裝滿罐子時，從碗裡加入鹽，將鹽均勻地分佈在整個罐子裡。用果汁蓋住檸檬，在果汁和不反應的蓋子之間留出 0.5 英寸的空間。讓檸檬在室溫下放置一周。每天搖動罐子以重新分配鹽和果汁。一周後，加油覆蓋並冷藏最多 6 個月。

92.自製乳清乾酪

製作 1 份豐盛的杯裝奶酪

4 杯全脂牛奶，未經 UHT 巴氏滅菌，最好是有機牛奶，例如 Organic Valley

1杯濃奶油（可選）

$\frac{1}{2}$ 茶匙粗鹽

3至4湯匙鮮榨檸檬汁

方向

在一個不起反應的平底鍋中，用中高溫加熱牛奶、奶油和鹽，偶爾攪拌以防止燃燒。當即時讀取溫度計顯示牛奶溫度為 180 華氏度時，將鍋從火上移開。加入檸檬汁（牛奶加 3 湯匙；牛奶和奶油加 4 湯匙），攪拌一到兩次，讓混合物靜置約 15 分鐘，凝乳和乳清分離。

在濾鍋或篩子上鋪上粗棉布、未漂白的紙巾或大咖啡過濾器。將其放在碗上，然後將凝乳舀入過濾器中。讓乳清乾酪瀝乾至您喜歡的厚度；我喜歡乳清乾酪具有奶油般的稠度，類似於希臘酸奶。將乳清乾酪放入乾淨的容器中並放入冰箱，並在 4 至 5 天內使用。

93.檸檬凝乳

製作約 1⅓杯凝乳

1 杯糖

¼ 杯切碎的檸檬皮碎（來自 4 個中等大小的檸檬）

6個蛋黃

½ 杯鮮榨檸檬汁（來自 2 個中等大小的檸檬）

6湯匙無鹽黃油，切成小塊

½ 茶匙粗鹽

方向

為凝乳準備一個水浴：在一個中等平底鍋中倒入幾英寸深的水，然後將水煮沸。煮凝乳時，用小火將水煮沸。

在一個足夠小的非反應性碗中，將水放入鍋中，將糖、熱情和蛋黃攪拌在一起。（動作要快：如果你等待，混合物就會凝固。）將碗放在鍋上，不斷攪拌直至糖溶解。加入檸檬汁，繼續攪拌，煮約 5 分鐘，直到混合物開始稍微變稠。加入黃油和鹽，然後用抹刀不斷攪拌，直至混合物變稠且不透明，稠度介於酸奶和酸奶油之間，再攪拌約 10 分鐘。在即時讀數溫度計上，凝乳的溫度約為 170 華氏度。

將凝乳通過細網篩濾入乾淨的碗中，並用保鮮膜覆蓋，將其直接放在表面上以防止形成皮膚。冷藏約1小時直至變硬。

94. 檸檬酸辣醬配棗子和香菜

製作 2 個半品脫罐子

4個檸檬（約1磅）

1 湯匙粗鹽

⅓ 杯切碎的青蔥

¼ 杯鮮榨檸檬汁（來自 1 個中等大小的檸檬）

¼ 杯蘋果醋

2 茶匙去皮並磨碎的新鮮生薑

1湯匙黃芥末籽

1茶匙芫荽籽，輕輕烘烤並壓碎

½ 茶匙紅辣椒片

1 杯 黑糖

1 杯去核、切碎的棗子（約 5½ 盎司）

方向

使用蔬菜削皮器，去除檸檬的果皮，切掉果皮上殘留的髓。用鋒利的削皮刀去除檸檬中的髓。將果肉和果皮切碎，丟棄種子，然後將它們與鹽和切菜板上的果汁一起放入一個不起反應的碗中。蓋上碗並讓它在櫃檯上放置過夜。

第二天，將碗中的內容物與蔥一起放入不起反應的平底鍋中。加入檸檬汁、蘋果醋、姜、芥末、芫荽籽、胡椒片和紅糖。用中高火將混合物慢慢煮沸，攪拌直至糖溶解。

加入棗子，將火調至小火慢燉。繼續用小火煮 45 分鐘到 1 小時，偶爾攪拌，直到混合物變得濃稠且有光澤。

如有必要，可加鹽調味。如果您不打算在兩週內使用酸辣醬，請將其舀入熱的消毒罐子中，並根據罐子製造商的說明在水浴中進行處理。將它們存放在陰涼、黑暗、乾燥的地方長達一年。

95. 檸檬橄欖油

製作 1 杯

2 個中等大小的檸檬

1茶匙細海鹽

1 杯 特級初榨橄欖油

方向

使用蔬菜削皮器，去除檸檬的果皮，切掉果皮上殘留的髓。將水果放在一邊以備其他用途。您應該有大約 1/4 杯果皮。將果皮放入大研缽或非反應性碗中。在果皮上撒上鹽，然後用杵、攪拌器或木勺背面，用鹽摩擦果皮直至鹽溶解。加入四分之一的油，將果皮與油輕輕攪拌 1 分鐘，或直至油變得非常芳香。加入剩餘的油，攪拌，然後用保鮮膜鬆散地覆蓋砂漿。讓油在室溫下浸泡 3 天，然後將其濾入乾淨、乾燥的玻璃罐中。將其存放在冰箱或陰涼、避光的櫥櫃中最多可保存 6 個月。

96. 邁耶檸檬葡萄柚果醬

製作 6 品脫罐子

3 大的紅色或粉紅色葡萄柚（約 3 磅），最好是有機的

4 6 個邁耶檸檬（約 1 磅），最好是有機檸檬

4杯糖

1 顆香草豆，劈開並刮碎

方向

將葡萄柚切成兩半，然後將它們與整個檸檬一起放入一個不反應的大湯鍋中。加入足夠的冷水，蓋住水果幾英寸，不蓋蓋子，小火煮約 1 小時，直到水果變軟。（用木串測試水果；它應該很容易刺穿果皮。）如果檸檬先於葡萄柚準備好，請將它們移至碗中冷卻。當柚子半塊準備好後，將它們放在一邊冷卻。

當水果冷卻到可以處理時，用一隻手握住半個葡萄柚，然後在一個中等大小的碗上工作，用勺子將果肉和膜舀入碗中，邊吃邊去除任何種子。然後用勺子輕輕刮掉殼上多餘的髓或纖維。將每個柚子殼切成兩半，然後橫向切成 1/4 英寸的條。將條帶放入有蓋的容器中，並保存在冰箱中直到第二天。（在過程中添加葡萄柚皮可確保其保持形狀並保留輕微的咀嚼感。）

對檸檬重複這個過程，將膜和任何果汁或果肉添加到同一個碗中，邊做邊去除種子。在將果皮添加到碗中之前，請返回並去除您可能錯過的任何種子。將果皮粗切碎，然後放入碗中。

將碗中的內容物放入食品加工機的碗中。加工直至將水果和檸檬皮切碎，然後將它們轉移到銅質保鮮鍋或寬的非反應性平底鍋中。添加 3 杯冷水、糖和香草豆。將混合物在高溫下煮沸，攪拌一兩次以混合成分。將鍋從火上移開，蓋緊蓋子，冷藏過夜。

第二天，將保留的柚子皮和水果一起放入鍋中，不蓋蓋子，用高溫將混合物煮沸。大火煮約 30 分鐘。首先，混合物會輕輕起泡。當水分煮

出來，糖濃縮時，就會起泡沫。開始起泡後每隔幾分鐘攪拌一次。當果醬快要準備好時，溫度在 222 到 225 華氏度之間，氣泡會變小。（用勺子舀一點到盤子上，然後放入冰箱 3 分鐘。如果它像果醬一樣變稠，則說明已經準備好了。）將鍋從火上取下，用乾淨的勺子除去表面的泡沫。取出並丟棄香草豆。將果醬舀入熱的、消毒過的罐子中，並根據罐子製造商的說明在水浴中加工。將果醬存放在陰涼、避光、

97. 蜜餞檸檬絲帶

製作 20 至 24 個糖皮

4個中等大小的檸檬，最好是有機的

2 杯糖，加上額外的糖用於覆蓋果皮

1/4 茶匙塔塔粉，或 2 湯匙玉米糖漿

方向

使用蔬菜削皮器，將檸檬皮切成 1/2 至 1 英寸寬的條狀，切掉果皮上殘留的髓。如果需要，將果皮切成更薄的條，然後將水果放在一邊以備其他用途。

將果皮放入不起反應的平底鍋中，並用冷水覆蓋它們。用中高火將水煮沸。將果皮煮 1 分鐘，瀝乾，並用新鮮的冷水覆蓋。再重複兩次，然後瀝乾果皮並將其放入盤子中。

使用同一個鍋，將 1 杯水與糖和塔塔粉一起煮沸，偶爾攪拌直至糖溶解。將果皮加入糖漿中，將火調至小火，輕輕煮至果皮半透明，大約需要 1 小時。讓果皮在糖漿中完全冷卻，然後用有槽勺將它們轉移到放在有邊烤盤上的金屬架上。（將糖漿冷藏以備下次使用。）讓果皮乾燥幾個小時，或直到它們變粘但不濕。（如果它們仍然濕，請用紙巾擦掉剩餘的糖漿。）將一把糖放在盤子上，然後將果皮放入糖中，一次幾個，將它們完全覆蓋。將果皮存放在帶有密封蓋的容器中最多可保存 3 個月。

檸檬皮糖化後剩下的糖漿會變得濃稠且非常甜，並且可以無限期地保存在冰箱中。在甜茶中少量使用它，添加到蘇打水中製作意大利蘇打水，或者將其倒入您最喜歡的杜松子酒或伏特加雞尾酒中。它也可以很好地攪拌到原味酸奶中，淋在新鮮水果上，或者刷在剛從烤箱裡出來的富含黃油和雞蛋的邦特蛋糕上。

98. 大蒜牧場醬

原料：

1 茶匙大蒜粉

2 湯匙蛋黃醬

2 茶匙 第戎芥末

2湯匙新鮮檸檬汁

鹽和新鮮研磨的黑胡椒調味

方向

將所有成分混合在沙拉碗中。

拌入沙拉即可食用。

99. 柑橘醋汁

原料：

1湯匙新鮮檸檬汁

1湯匙新鮮酸橙汁

1湯匙新鮮橙汁

1茶匙米酒醋

3湯匙特級初榨橄欖油

½ 茶匙糖

鹽和新鮮研磨的黑胡椒調味

方向

將所有成分混合在一個大沙拉碗中。將生菜葉鋪在調料上。

上菜前攪拌一下。

100. 檸檬凝乳

約 460 G（2 杯）

原料

- 3 個檸檬，去皮
- 100 克 糖 [½ 杯]
- 4個雞蛋
- 1 片明膠片
- 115克黃油，非常冷[8湯匙（1棒）]
- 2 克 粗鹽 [½ 茶匙]

路線

a) 擠出 80 克（⅓杯）檸檬汁。

b) 將糖、檸檬皮碎和檸檬汁放入攪拌機中，攪拌直至糖粒溶解。加入雞蛋並低速攪拌。將攪拌機中的內容物轉移到中型鍋或平底鍋中。清潔攪拌機罐。

c) 讓明膠綻放。

d) 用小火加熱檸檬混合物，定期攪拌。隨著溫度的升高，它會開始變稠；密切關注它。一旦沸騰，將其從爐子中取出並轉移到攪拌機中。加入盛開的明膠、黃油和鹽，攪拌直至混合物變得濃稠、有光澤且超級光滑。

e) 將混合物通過細網篩倒入耐熱容器中，然後放入冰箱直至檸檬凝乳完全冷卻，至少需要 30 分鐘。

結論

檸檬總是可用的，但您可能已經註意到，柑橘在冬季是最好的，此時它在豐盛菜餚中的存在最具戲劇性的變革性和平衡性。檸檬濃郁、清澈的味道消除了我們在假期裡吃的油膩食物的沉重感，最好的果醬是用冬季水果製成的。但檸檬具有堅持不懈的個性，當與春季蔬菜、夏季漿果、雞蛋和奶油等更精緻的食材搭配時，檸檬可以全年發揮主導而又互補的作用。

那麼，什麼菜品才有資格被列入檸檬食譜呢？這是我在開發這些食譜時經常問自己的問題。有些含有整個檸檬——皮、果肉和髓——自豪地宣布："我是檸檬，聽我咆哮。"其他人則從果皮和精油中獲得勇敢的味道。還有一些可以通過簡單、明智地擠檸檬來顯著增強。檸檬清爽且用途廣泛，在我們的飲料、披薩和早餐桌上佔有一席之地。是的，將它們削皮並榨汁，但也可以烘烤、燒烤和保存它們。當春天來臨時，用薄荷棒刺穿一個；我保證它會讓你皺起眉頭並微笑。

Milton Keynes UK
Ingram Content Group UK Ltd.
UKHW020659070823
426447UK00016B/967